한국 대학체제의 새판 짜기

- 공유성장을 위한 대학체제 대전환을 위하여 -

공유성장을 위한 대학체제 대전환을 위하여

한국 **대학체제**의 새판 짜기

반상진

전북대학교출판문화원

머리말

한국 교육문제의 해결은 솔직함에서 출발해야 한다. 진단이 정확해야 명확한 해법을 찾을 수 있기 때문이다. 우리 국민의 대부분은 대학입시제도 때문에 성적 경쟁과 배제의 논리 심화, 사교육비 확대, 그에 따른 승자독식, 각자도생의 교육이 문제라고 하지만, 과열 대학입시의 근본 원인은 초 극단화된 대학서열구조와 학벌 중시 고용구조임을 인정하자는 것이다. 대학서열구조와 학벌주의 문제를 놔두고 입시제도 개선만으로 교육의 근본적인 해결책을 찾을 수 없기 때문이다. 대학서열구조와 학벌주의 폐해는 결국 교육공정과도 연결이 된다. 우리 국민 대부분이 공분하고 있는 '부모찬스' 문제는 교육 양극화, 교육 불공정, 교육 불평등 현상의 핵심 원인이고, 학벌 중시 사회에서 살고 있는 우리 학생들에게는 현실 장벽이다.

2010년 전후하여 회자되었던 등록금 천만 원 시대, 88만 원 세대, 죽음의 트라이앵글, 수포자 및 영포자로 불러지는 좌절의 교육, 계급에 따른 수저론 등이 우리 교육의 처절한 단상을 보여주는 시대적 표현이 된 지 이미 오래전이다. 우리 사회의 지속 가능한 발전과 사회 통합을 위해 이제는 솔직하고 근본적인 대안 마련에 국가가 나서야 한다.

더 이상 학생들에게 지식 암기 경쟁의 지옥 같은 교육을 강요할 수 없다. 대전환 시대, 혼합위기 시대에 세상의 변화는 진부한 지식 위주의 성적 경쟁교육은 용납하지 않는다. 단편적인 교육정책이나 개혁이 아닌 교육대전환이 요구된다. 교육대전환은 학생의 학습과 삶의 질의 균형발전을 목표로, 그리고 생애 전반의 평생 배움을 목표로 해야 한다. 그리고 교육대전환은 개인과 기관 간의 교육경쟁과 배제가 아닌 교육연계 협력, 네트워크, 공존을 지향하는 새로운 교육관(학습관), 교육 가치와 내용, 그리고 대안적 공생교육체제를 지향한다. 이것이 이 책의 전반적인 문제의식이다.

우리나라 교육대전환은 대학체제를 새판짜는 작업에서 출발해야 한다. 그 이유는 두 가지이다. 첫째, 한국 교육문제의 블랙홀인 초 극단화된 대학 서열구조와 학벌 구조, 교육 양극화 문제를 반드시 해결해야 하기 때문이다. 이를 위해 수도권 중심의 이른바 명문대학에 못지않은 일류대학의 저변을 지역에 확대함으로써 지역마다 질 높은 대학체제를 구축하는 좋은 대학 서열화 조성을 위한 제도적 대전환을 모색해야 한다. 학벌에 의한 지위 권력과 공간 권력의 균형화를 위해 공유성장을 위한 대학체제 대전환 방안이 사회개혁의 핵심 고리로 작용해야 한다.

둘째, 코로나 팬데믹 위기, 경제위기, 건강위기, 인구절벽에 따른 생산연령인구 양적 감소와 그에 따른 초 양극화와 저성장의 늪에서 벗어나기 위하여, 그리고 4차 산업혁명과 연대·협력사회로 전환됨에 따라 대학체제를 대전환하는 새로운 도전이 필요하기 때문이다. 이를 위해 기존의 개별 대학 간 경쟁체제를 대학 간 연계·협력체제로 전환해 대학 간 상생 발전과 질적 상향평준화 등 대학구조의 체질 변화와 대학들이 함께 성장하는 새로운 미래지향적 대학경쟁력 패러다임을 재설계해야 한다.

이러한 문제의식을 기초로 이 책에서는 '공유성장을 위한 대학체제 대전환'을 제안하고, 그에 대한 기본 구조로 1) 국가책임 대학지원체제 구축, 2) 공유성장형 대학연합체제 구축, 3) 성장 지향 대학진단체제 구축 등으로 제시하였다. 가보지 않은 새로운 길이다. 예측과 논리로 설명할 수 없는 미래라고 한다면 그리고 고정관념에서 벗어난 새로운 사고(thinking outside the box)가 필요한 교육대전환 시대에 살고 있다면, '미래를 대비한 교육(education for the future)'이 아닌 '미래를 창조하는 교육(education creating the future)'이 되도록 새로운 도전이 필요한 시대임을 함께 고민해 주길 바란다.

이 책은 총 5장으로 구성되었다. 제Ⅰ장에서는 대학혁신이 교육혁신의 핵심이어야 하는 이유와 근거를 제시하였고, 제Ⅱ장에서는 한국 대학의 양적·질적 변화 추이와 지역별·설립별 대학교육의 격차 분석을 통해 한국 대학교육의 현 주소를 살펴보았다. 제Ⅲ장에서는 대전환 시대의 키워드인 인구구조 변화, 4차 산업혁명, 공유·연대 사회, 포스트코로나·뉴노멀사회, 양극화의 특성과 이들이 대학교육에 주는 시사점을 제시하였고, 제Ⅳ장은 대학체제가 공유 성장해야 하는 역사적·이론적·실증적 근거를 분석하였으며, 공유성장 대학체제 개편 관련 국·내외 사례를 살펴보았다, 마지막으로 제V장에서는 한국 대학체제 새판 짜기의 지향점인 공유성장을 위한 대학체제 대전환의 개념 구조, 지향점, 기본 구도와 전략 과제를 제안하였다. 필자가 지난 35년 동안 교육을 고민하고 연구하면서 가지게 된 문제의식과 해결방안을 나름 정리하려고 노력하였지만 아직도 허전함과 한계점이 있음을 느꼈다. 그리고 이 책의 여러 곳에서 불만족스러운 내용이 많이 발견될 것이고 동의하지 않은 내용도 많을 것이다. 이는 필자가 아직 부족하다는 점을 보여주기도 하지만 한편으로는 필자가 더욱 이 분야에 정진해야 하는 이유가 되기도 한다.

그럼에도 불구하고, 이 저서를 집필하는데 도움을 주신 분들에게 진심으로 감사드린다. 우선 필자에게 교육학에 애정을 갖도록 안내해 주시고, 학문에 정진할 수 있도록 가르침을 주신 진정한 은사인 故 배종근 선생님의 은혜를 잊지 못한다. 그리고 학문의 새로운 세계를 깨닫게 해 주시고, 진정한 학자로서 필자의 롤모델(role model)이신 University of Wisconsin-Madison의 Department of Educational Leadership & Policy Analysis에 명예교수로 계신 Richard A. Rossmiller 교수에게 진심으로 감사드린다.

이 책은 교과서 형식을 탈피한 필자의 거친 주장 중심으로 진술되어 있고, 대중적이지 못한 대학교육 분야의 주제임에도 불구하고, 이 저서를 준비하도록 재정적 지원 및 모든 배려를 아끼지 않으신 「전북대학교」에게 진심으로 감사드린다.

마지막으로 항상 부족한 필자 곁에서 무한한 걱정과 격려해 주고 인내해 주는 아내 이정욱과 국제사회에서 당당히 자신의 역량을 발휘하고 있는 자랑스런 딸 민경에게 무한한 책임과 사랑을 가슴에 품고자 한다.

2023년 3월

진수당에서 저자 씀

CONTENTS 목차

CONTENTS 표목차

CONTENTS 표목차

CONTENTS 그림목차

I 대학혁신이 교육혁신의 핵심이어야 하는 이유는?

❶ 교육문제의 블랙홀 : 초 극단화된 대학서열구조와 학벌 중시 고용구조

❷ 대전환 시대, 대학의 미래가치; 교육양극화를 넘어 혁신의 DNA로 성장해야

한국 대학체제의 새판 짜기

- 공유성장을 위한 대학체제 대전환을 위하여 -

I 대학혁신이 교육혁신의 핵심이어야 하는 이유는?

코로나 19가 세계를 점령한 2019년 이후, 인류는 경제위기에 따른 저성장, 사회경제적 초 양극화의 확대, 기후 및 환경 파괴로 인한 생태계 위기, 건강위기, 민주주의 퇴보, 파괴적인 기술 자동화로 인한 일자리 감소 등 이른바 혼합위기(hybrid crisis), 뉴노멀(new normality)이라고 하는 역사의 변곡점(inflection point) 시대에 살고 있다. 그리고 AI, 로봇 등 과학기술의 급격한 발전이 인간의 라이프스타일의 변화를 야기시키고 있다. 이렇듯 우리는 대전환 시대에 살고 있고, UNESCO(2021) 보고서인 "Reimagining our futures together"에서 지적하였듯이, 우리는 지속 불가능한 길을 갈 것인가, 아니면 진로를 근본적으로 바꿀 것인가의 실존적 선택에 직면해 있다.

혼합위기, 뉴노멀시대, 인구구조 변화 등 급변하는 상황에서 대학은 새로운 질서와 가치 창출, 인재 양성의 핵심 기능을 담당하는 미래 국가 성장 핵심 기제이기 때문에 국가적 투자 우선순위 분야임은 틀림이 없다.

한국 대학이 양적으로 팽창되었고, 개인발전, 국가·사회발전에 이바지해 왔음은 주지의 사실이다. 하지만 최근 한국 대학은 내적 요인과 외적 요인에 의해 크게 도전을 받고 있다. 첫째, 한국 대학의 내적 도전과제는 초극단화된 대학서열구조와 학벌 구조의 문제이다. 이는 경쟁교육, 좌절의 교육, 과열 입시제도 등 한국 교육문제의 근본 이유이기 때문이다.

둘째, 한국 대학의 외적 도전과제는 코로나 팬데믹 위기, 경제위기, 건강위기, 인구절벽에 따른 생산연령인구 양적 감소와 그에 따른 초 양극화와 저성장의 늪에서 벗어나기 위하여, 아울러 4차 산업혁명과 공유·연대사회에

과학기술 기반 국가 성장을 도모하기 위하여 대학체제 대전환의 정책 설계를 어떻게 구체화하느냐 하는 문제이다. 미래 인재 양성 기능, 미래가치와 지식 생산의 핵심 기제로서 대학은 바로 국가 성장 동력의 핵심 DNA이기도 하다. OECD(2022)의 Shaping Educational Trend의 보고서에서 국가 성장 역량은 바로 그 국가가 지닌 연구개발능력이고, 이는 바로 대학 경쟁력에서 출발한다는 지적에 대해 깊은 성찰이 필요하다. 대학이 지속 가능한 교육발전을 위한 초석이 되기 위해 한국의 대학체제는 대전환의 국면을 맞이하고 있는 것이다.

이 장에서는 교육혁신의 핵심은 대학체제 대전환에서 시작되어야 한다는 인식에 기초하여 대전환의 이유를 교육문제의 핵심 연결고리인 극단화된 대학서열구조와 학벌 중시 고용구조를 해체해야 하는 내적 요인과 혼합위기의 대전환 시대, 대학의 미래가치를 창출하는 새로운 모습으로 재편해야 하는 외적 요인으로 구분하여 살펴보고자 한다.

1 교육문제의 블랙홀 : 초 극단화된 대학서열구조와 학벌 중시 고용구조

교육은 오랫동안 모든 국민의 관심사이자 항상 문제점이 많은 영역으로 인식되어 왔다. 교육문제 중에서도 우리 국민의 큰 관심은 항상 대학입시와 사교육 부담이다. 대학입시로 인한 과열 경쟁교육의 폐해를 모두 우려하고 있지만, 현실은 사교육 시장이 주택가격에 영향을 줄 정도로 우리 사회는 과열 성적 경쟁에 매몰되어 있다.

이러한 현실에서 우리 학생들의 삶은 어떠한 모습인가? 우리 학생들은 불쌍할 정도로 삶의 질이 너무도 낮다는 사실은 학생들의 학업성취도와 웰빙 수준을 비교 분석한 경제협력개발기구(OECD) 국제학업성취도평가

(PISA) 조사 결과에서 여실히 나타난다. PISA 2015 학생 웰빙 결과 보고서에서는 웰빙을 "학생이 행복하고 만족스러운 삶을 살아가기 위해 필요한 심리적, 인지적, 사회적, 신체적 활동 상태 및 능력(OECD, 2017b, p.38)"으로 정의하고 있다. 이에 따르면, 한국 학생들의 학업성취도는 OECD 회원국 35개국 중 읽기 3~8위, 수학 1~4위, 과학 5~8위 등으로 최상위권인 반면, '삶의 만족도'는 OECD 국가 28개국 중 27위, 비 OECD 국가를 포함한 48개국 중 47위인 최하위권이다. 또한, 한국 학생들의 학업에 대한 불안지수(0.1)는 OECD 국가 평균(0.01)에 비해 높고, 학생들의 신체적 웰빙과 직접적으로 관련되는 한국 학생들의 신체활동은 OECD 국가 평균에 비해 적은 것으로 나타났다. 한국 학생들은 학업성취도는 높으나 삶의 만족도가 낮게 나타나는 불균형적인 경향을 보이고 있다(반상진 외, 2019).

경쟁교육 문제의 정점은 과열 사교육 현상이다. 우리나라 오랫동안 문제점으로 제기되어 왔던 고질적인 사교육의 근본 원인이 무엇인가? 사교육의 원인에 대한 해석은 크게 두 가지 입장이 공존한다. 사교육의 원인을 공교육 부실에 있다고 보고, 공교육을 강화해야 한다는 입장과 그 원인을 대학서열화에 따른 과열 대학입시에 있다고 보고, 대학서열을 완화·해소해야 한다는 입장이 있다.

두 가지 입장 모두 공감하는 부분이 있다. 실제로 우리 국민이 인식하는 학교교육에 대한 만족 수준은 높지 않다. 한국교육개발원 교육여론조사(2022)에 따르면, 국민이 인식하는 초·중·고등학교가 전체적으로 잘하고 있다 19.3%, 보통이다 51.4%, 잘못하고 있다 29.3%(평균 2.87/5점 만점)로 전반적으로 부정적인 평가를 하고 있고, 이러한 결과는 교육여론조사를 실시한 1999년 이후 크게 달라지지 않았다. 특히 고 학년으로 갈수록 학교교육을 부정적으로 평가는 경향이 있다. 초등학교의 경우, 잘못하고 있다는 반응이 22.4%인 반면, 중학교는 30.9%, 고등학교는 39.1%로 나타났기 때문이다.

하지만 필자는 사교육의 원인을 공교육 부실이라는 단일 요인으로 규정하기에는 한계가 있다는 입장이다. 교육문제는 단계적이고 구조적인 연결고리가 있다. 학생들의 삶을 피폐하게 만드는 성적 중심의 입시경쟁 교육과 사교육 심화, 그리고 교육양극화 문제는 학교체제의 구조적인 문제와 연결되어 있기 때문이다. 2010년 전후하여 회자되었던 등록금 천만 원 시대, 88만 원 세대, 금수저, 은수저와 같은 수저계급론, 수포자, 영포자 등 우리 시대를 대변하는 표현이 의미하듯이 교육은 학생들에게 희망이 아닌 좌절의 기제로 작용하고 있다.

한국 교육문제의 해결은 솔직함에서 출발해야 한다. 진단이 정확해야 명확한 해법을 찾을 수 있기 때문이다. 학교교육 문제의 근본적인 원인은 초 극단화된 대학서열구조와 학벌 중시 고용구조에 있음을 인정해야 모든 문제가 해결된다. 우리 국민의 대부분은 대학입시제도 때문에 성적 중심의 경쟁교육 심화, 사교육비 확대, 그에 따른 승자독식의 좌절 교육이 문제라고 하지만, 사실은 대학입시제도가 과열화된 것은 우리 대학체제가 SKY 중심으로 초 극단화되어 있는 구조가 근본 원인임을 인정하자는 것이다. 대학서열구조와 학벌주의 문제를 놔두고 입시제도 개선만으로 교육의 근본적인 해결책을 찾을 수 없기 때문이다.

대학서열구조와 학벌주의 폐해는 결국 교육공정과도 연결이 된다. 과거 정부는 물론 윤석열 정부가 출발하면서 장관 후보자들의 자녀들을 위한 '부모찬스' 문제는 다시금 국민의 공분을 산 바 있었다. 부모찬스에 의한 교육불공정과 불평등의 근본 원인은 학벌주의 구조에서 승자들이 독식하는 사회에 대한 불만이 증폭되고 있다.

문제는 학벌주의에 대한 인식이 강화되고 있다는 사실이다. 동아일보 보도(2021. 2. 23)에 따르면, 흔히 명문대생들끼리 온라인 등을 통해 연애 상대나 친구를 찾는 폐쇄형 교류 서비스가 잇따라 나오고 있다는 씁쓸한 현실을 목격하고 있다. 서울대 재학생, 졸업생 중심으로 운영되는 매칭 서비스 '결정싸', 고려대·연세대 연합 창업학회가 만든 대학생 소셜 네트워크 익명 매칭 서비스 '연고링' 등이 그 예이다. 그들끼리 서로 나이, 키, 단과대, 직장, 집안 경제 상황 등의 정보를 공유하면서 만남이 이루어진다는 것이다. 그들만의 만남 공간을 통해 승자독식 중심의 엘리트주의와 학벌주의의 확산 양상을 단적으로 보여주는 대목이다.

현재 우리 대학은 경쟁 중심의 시장 논리가 지배하고, 취업만을 위한 도구적 장치로 인식되고 있다. 대학의 고유 기능인 교육과 연구, 사회봉사를 통해 비판적 사고, 지식과 가치 생산 기능, 자유롭고 평등한 학문공동체의 역할 중요성은 축소되고 있다. 교육의 경쟁과 수월성 지향의 지난 신자유주의 정책이 대학 간 경쟁 구도를 강화시켜 대학을 상업화, 사업화, 기능적 도구화로 전락시켰고, 그 결과 대학의 서열구조는 더욱 고착화되었다고 본다.

학벌주의 문제에 대한 국민의 인식도 크게 다르지 않지만, 최근에는 약간 변화의 조짐을 보이는 것도 사실이다. 한국교육개발원의 교육여론조사(2022, p.225) 결과에 따르면, 국민들이 생각하는 자녀교육 성공의 의미로서 명문 대학 진학이라고 생각하는 비율은 2010년 22.1%에서 2022년 10.1%로 지속적으로 감소한 반면, 자녀가 하고 싶은 일, 자녀가 좋아하는 일을 하게 된 것이 자녀교육 성공의 의미로 인식하는 비율은 2010년 13.5%에서 2022년 25.8%까지 증가하였다. 최근에는 국민들이 자녀교육의 성공을 학벌이 아닌 다른 성공 요인을 지향하고 있음을 알 수 있다. 그럼에도 불구하고, 같은 교육여론조사(p.228)에서 국민들은 학벌주의는 큰 변화 없거나(57.2%), 심화될 것(28.1%)이라는 전망이 압도적인 것으로 나타났다. 따라서 국민들은 자녀교육에 대한 성공의 가치는 학벌주의에서 벗어나고 있지만, 우리 사회의 학벌주의는 여전히 강한 사회적 기제로 작동하고 있는 것으로 인식하고 있었다.

최근 시민단체인 '교육의 봄'(이사장 손봉호)에서 발표한 결과는 눈길을 끈다. '교육의 봄'은 '사교육걱정없는세상'(사걱세)의 공동대표를 지낸 송인수·윤지희 대표에 의해 새롭게 설립한 시민단체로서 기업의 채용 차별 문제를 집중적으로 다루고 있다. '교육의 봄'이 11개 기업 2,416명 직원들을 분석한 결과(2022), '학벌,' '학점,' '어학성적' 등 주요 스펙은 업무성과와 관련이 없다는 것이다. 고용시장에서 학벌주의는 이미 작동되지 않음을 밝히고 있다. 이 연구에서 얻은 결과처럼 학벌 스펙이 취업 성과와 무관하다면 기업의 채용 변화뿐만이 아니라 학벌주의가 불러온 다양한 사회적 문제를 해결하는 데 도움을 줄 수 있을 것이다. 무엇보다도 학벌 중시 고용구조는 입시위주 교육의 문제와 직접 연결되어 있기 때문에 고용의 변화는 입시위주의 교육을 개선하는데 크게 기여할 것이다. 이 연구를 통해 학벌주의와 고용과의 관계가 약화되고 있다는 조짐을 읽을 수 있지만, 여전히 국민들의 인식과는 다소 거리가 있다. 희망의 메시지이지만 과연 국민이 공감할 수 있는지는 여전히 미지수이다.

오히려 학벌 중시 고용구조가 대학서열구조를 초 극단화시키고 고착화시키는 것은 아닌지 우려의 목소리가 많은 것이 현실이다. 학벌 중시 노동시장은 정부가 관여할 영역이 아니기 때문에, 정부는 좋은 대학을 많이 만드는 것이 문제 해결의 핵심이다. 최근 김종영 교수도 '서울대 10개 만들기(2021)' 저서를 통해 한국의 교육 지옥은 대학 서열화와 병목현상 때문에 발생한다고 진단하고. 거점 국립대 중심으로 서울대 수준의 10개 대학을 지역에 육성하자는 주장을 하고 있다. 실현가능한 정책 방안인지 여부에 대해서는 많은 다른 의견이 있겠지만, 우리 한국교육의 핵심 문제를 관통하는 시각은 매우 명료하다.

이제 교육개혁, 교육혁신을 넘어 교육을 대전환해야 하는 세기적 상황에 접어들었다. 교육문제의 블랙홀인 대학서열구조 문제를 근본적으로 해결하지 않고, 우리 학교교육의 정상화를 부르짖는 교육혁신은 공염불에 불과하다. 교육대전환의 핵심은 대학체제의 대전환에서 시작해야 하는 이유이다.

그리고 대학체제 대전환은 좋은 대학을 많이 만드는 대학체제 재설계에서 출발하는 것이 최우선적 과제이다.

2 대전환 시대, 대학의 미래가치; 교육양극화를 넘어 혁신의 DNA로 성장해야

교육혁신의 핵심은 대학체제 대전환에서 출발해야 하는 두 번째 이유는 시대 전환기를 맞이하여 대학은 스스로의 본질적 기능 회복과 혁신 역량 강화를 통한 미래 인재 양성 기능과 미래 가치, 그리고 지식 생산의 핵심 기제로 거듭나야 하는 시대적 과제를 안고 있기 때문이다. 이는 대학이 바로 국가 성장 동력의 핵심 DNA라는 것을 의미한다. OECD(2022)의 Shaping Educational Trend의 보고서에서도 지적하였듯이, 국가 성장 역량은 바로 그 국가가 지닌 연구개발능력이고, 이는 바로 대학경쟁력에서 출발하기 때문이다.

코로나팬데믹 이후, 지구촌은 전염병과 건강위기, 기후위기, 경제침체 위기 등 이른바 혼합위기(Hybrid Crisis) 시대를 맞이하면서 노동시장의 양극화, 새로운 일자리 창출 및 인간관계 파괴, 부의 불평등한 분배, 다양한 유형의 갈등 증가, 불확실성 등 급격한 사회적 전환이 진행되고 있다. 동시에 4차 산업혁명, 초연결사회로 대변되는 디지털 혁명(인공 지능의 출현, 웹 기반의 부상 등), 빅 데이터 개발 등으로 삶과 교육의 대전환이 예상되고 있다. 기존의 가치와 질서가 작동하지 않는 뉴노멀사회를 살게 된 것이다(UNESCO, 2022a). 우리의 경우에는 인구절벽에 의한 생산연령인구 급감에 따른 저성장의 가능성이 높아지는 등 시대적 위기 상황에서, 새로운 질서와 가치 창출, 인재 양성의 핵심 기능을 담당하는 대학교육은 새로운 자리매김이 필요한 시점이다. 따라서, 인구절벽에 따른 생산연령인구 양적 감소와 그에 따른 저성장의 늪에서 벗어나기 위하여, 아울러 과학기술 기반 국가 성장을 도모하기 위하여 대학 혁신 투자 확대로 인적자본의 질 향상과 노동생산성의 질 향상을 꾀하여야 한다. 결국, 대학은 미래 국가 성장 핵심 기제이기 때문에, 기존과는 다른 새로운 패러다임이 필요하고, 이를 위해 국가 투자 최우선 순위로 설정해야 한다.

경제사회 초 양극화 현상 극복을 위한 대학체제 혁신의 필요성, 저성장시대, 뉴노멀 사회, 지속 가능한 발전을 위한 대학의 새로운 비전과 대학체제의 재설계에 대한 문제의식은 국제사회에서도 제기되고 있다. 지난 2022년 스페인 바르셀로나에서 개최된 유네스코 제3차 세계고등교육컨퍼런스(World Higher Education Conference, WHEC 2022)에서 지구촌과 인류를 위한 지속 가능한 미래 발전을 보장하기 위해 고등교육의 재창조(Reinventing Higher Education for a Sustainable Future) 방안을 모색한 것이 그 예이다. 이 컨퍼런스에서는 미래 고등교육의 목적, 방법 등의 새로운 모습 탐색, 고등교육 수혜 범위 확대, 품위있는 세계 시민 양성을 위한 지식, 기술, 역량 및 가치 개발, 연구와 지식 생산 확산, 고등교육 혁신의 주도 세력의 역할 등에 대해 논의되었고, '2030 고등교육 로드맵'이 제안되었다(UNESCO, 2022a).

유네스코는 지속 가능한 의제(sustainable development agenda)를 실현하기 위한 중심축으로 고등교육의 중요성을 강조하고 있다. 지난 2015년에 세계는 지속 가능한 개발 목표(SDGs)를 설정하고, 2030년 의제 지속 가능한 개발(The 2030 Agenda for Sustainable Development)은 글로벌 열망으로서 포용 및 공동 번영을 지향하는 "누구도 뒤처지지 않는(leaving no one behind)" 목표를 설정하였다. 교육이 바로 이 의제의 중심이고, 특히 SDG4는 국가가 포용적이고 공평한 양질의 교육을 제공하고 모든 사람을 위한 평생학습 기회를 보장하기 위해 노력하도록 하는 것을 목표로 하였다. 이를테면, SDGs 세부목표 4.3은 2030년까지 "모든 여성과 남성이 기술, 직업 및 대학을 포함한 고등교육에 평등하게 접근할 수 있도록 보장하는 것"을 목표로 하고 있다. 그리고 국가 책임의 고등교육 공적 지원은 공평한 접근과 질적 수준을 유지하는데 결정적인 역할을 한다는 점을 강조하고 있다(UNESCO, 2022b).

유네스코는 인류와 지구가 직면한 도전에 대한 대응, 특히 코로나 펜데믹의 혼란과 위기 극복, 그리고 전통적인 고등교육 모델에서 탈피하여 새롭고 혁신적이며 창의적이며 비전과 전략을 수립하여 지속 가능한 개발뿐만 아니라 극복하는 미래 학습 커뮤니티를 향후 10년 동안 준비하자는 취지에서 "2030 고등교육 로드맵"을 제안하였고, 이 로드맵의 주요 내용을 간단히 정리해 보면 다음과 같다(UNESCO, 2022b).

□ 2030 고등교육 로드맵 (A Roadmap For Higher Education For the Next Decade)

○ 미래를 형성하는 원칙(Principles to shape the future)

SDG와 연계된 교육에 대한 권리, 공공의 이익을 이행하는 중요한 틀(framework)을 고려할 때, 고등교육 시스템과 고등교육 기관은 6가지 주요 원칙에 의해 운영될 수 있다.

- 포용성, 평등성, 다원주의 원칙
- 학문의 자유와 모든 이해관계자의 참여 원칙
- 탐구력, 비판적 사고, 창의성 원칙
- 진실성과 윤리적 행동 원칙
- 지속 가능성을 위한 책임과 사회적 책무에 대한 원칙
- 경쟁보다는 협력을 통한 수월성 확보 원칙

○ 고등교육의 재발명(Reinventing Higher Education)

유네스코의 비전과 6가지 원칙에 기초하여, 로드맵은 다음과 같은 6가지 주요 과제를 설정하고, 이들은 고등교육을 재발명하고 대전환시키는데 극복해야 할 과제를 다음과 같이 제시하였다.

① 고등교육의 공평하고 지속 가능한 접근 보장 과제 : 고등교육을 엘리트주의, 차별주의, 때로는 공공재가 아니라는 관점에서부터 고등교육을 공평하고, 충분한 재정지원과 지속 가능한 접근성을 보장하는 사람들의 권리로 전환해야 하는 과제이다. 학습은 인간의 본질적인 속성이고, 인간은 배울 권리를 보장하는 교육의 기회를 가질 권리가 있다. 고등교육의 접근성, 평등성, 비차별성, 그리고 재정과 지배구조에 대한 정책은 실질적으로 해결해야 할 과제이다.

② 통합적 학습 경험체제를 우선하는 과제 : 학문적 혹은 전문적 훈련에 초점을 둔 제한적 학습 경험 관점에서 통합적 학습 경험체제로 전환해야 하는 과제이다. 고등교육은 모든 학생이 풍부하고 다양한 학습 경험을 할 수 있도록 보장하는 교육 기관으로서 스스로를 생각할 필요가 있다.

③ 학제 간과 학제 내부 간 협업체제 구축 과제 : 학문 이기주의 등으로 학제 간 소통이 일어나지 않는 학문적 사일로(academic silos)에서 학제 간 혹은 초월적 학제(trans-disciplinarity)를 위해 다양한 관점에서 열린 대화 및 적극적인 협업 체제를 구축해야 하는 과제이다. 고등교육은 학생들이 학제 간 대화에 참여할 수 있는 능력과 그들 자신의 학문과 전문 분야의 한계를 겸허히 인정하고 초월할 수 있는 기초, 태도, 습관을 갖추어야 한다.

④ 청년과 성인을 위한 평생학습 체제 구축 문제 : 고등교육은 중등교육 직후에 진학한다는 가정하는 것에서부터 청소년과 성인의 다양한 교육 요구를 충족시키는 것을 목표로 하는 평생학습 접근방식으로 전환해야 하는 과제이다. 고등교육은 이미 많은 국가가 다중 진입과 재진입을 위한 기회를

제공하고 있기 때문에 변화하고 있다. 평생학습 관점을 채택하고 유연한 학습 경로를 제공하는 것은 인간의 학습 요구를 해결하기 위한 일관되고 풍부한 시스템 전환이다.

⑤ 다양한 프로그램과 유연한 학습 경로를 갖춘 고등교육의 통합 시스템 구축 과제 : 계층적이고 약하게 연결된 고등교육기관간의 연결구조에서 청소년과 성인의 교육 기회 확대를 위해 다양한 프로그램과 유연한 학습 경로를 갖춘 고등교육의 통합 시스템을 갖추어야 하는 과제이다. 고등교육에서 모든 유형의 프로그램 호환(전형, 비전형, 비공식, 캠퍼스 내, 하이브리드, 온라인) 뿐만 아니라 고등교육기관간의 학생 이동은 학위와 자격, 실무 표준화, 평가 메커니즘 등을 통해 활성화되어야 한다.

⑥ 고등교육의 효과적인 교수-학습, 연구 지원을 위한 기술 활용 과제 : 고등교육의 산업적 모델에서 학습자가 자신의 학습 경로를 관리하는 교육학적 지식을 갖추고 풍부한 학습 경험을 제공하는 고등교육으로 전환해야 하는 과제이다. 인공 지능, 머신 런닝, 데이터 분석, 협업 플랫폼, 가상 현실, 사물 인터넷 등의 발전으로 원격으로 교수-학습, 연구 활동이 가능하게 되었다.

○ 2030년과 그 이후를 향한 항해(Navigating towards 2030 and beyond)

2030년 이후 고등교육의 재발명과 대전환을 위한 주요 과제를 제시하면 다음과 같다.

가. 미래지향적 목표 설정과 목표 달성 여부를 지속적으로 모니터링하는 체제 구축

나. 고등교육의 질 보장과 지속적 개선을 위한 인증체제 구축

다. 고등교육의 유연한 학습 경로, 인정, 이동성, 국제화

라. 역량 개발과 관련된 고등교육의 연구과 혁신 과제

마. 고등교육 데이터의 생산, 보급 및 활용 과제

바. 고등교육에서의 글로벌 대화 및 협업체제 구축
사. 고등교육의 공유 목표 달성을 위한 국제협력 체제

결국, UNESCO도 '2030 고등교육 로드맵'을 통해 고등교육체제의 재설계 필요성을 제시하고 있듯이, 고등교육의 대전환은 시대적 화두가 되었다. 기존의 개별 대학 간의 경쟁을 통해 경쟁력을 강화하겠다는 신자유주의적 접근이 아닌 대학 간 연계협력체제로의 전환을 통해 초 양극화 극복과 기존의 체제와는 다른 새로운 고등교육 패러다임을 모색해야 한다. 지난 미국 대통령 선거 과정에서 조 바이든 교육공약(2020.7)인 양극화 극복을 위한 중산층 복원, 10개의 직업 중 6개가 고교교육 이상의 학력 필요, 중산층(년 125,000달러 미만의 가정 소득)에게 2년제와 4년제 공립대학 무상교육, 학부 연방 학자금 상환 50% 이상 삭감 등의 방안을 제시하였음은 초 양극화 극복을 위한 정부가 해야 할 역할에 대한 시사점을 받는다.

기존 정부 주도의 수많은 대학개혁정책이 있었지만, 현재 대학사회를 진실한 눈으로 바라보면 대학의 위기와 존립에 대한 우려가 임계점에 와 있음을 알 수 있다. 더 이상 외면할 수 없는 시대적 상황이다. 이제는 새로운 길을 모색해야 한다. 대학 간 연계·협력을 통해 새로운 교육 역량과 연구 역량을 찾는 시도가 필요한 시점이다.

한국 대학교육의 현주소는?

II

1. 한국 대학의 양적 변화 추이
2. 한국 대학의 질적 변화 추이
3. 지역별 · 설립별 대학교육의 격차

한국 대학체제의 새판 짜기

- 공유성장을 위한 대학체제 대전환을 위하여 -

Ⅱ 한국 대학교육의 현주소는?

여기서는 한국 대학교육의 주요 상황인 대학 수, 학생 수, 교수 수, 대학 재정 규모 등 양적 변화 추이, 대학의 교육과 연구 생산 역량 등 질적 변화 추이, 지역별·설립별 대학의 투입, 과정, 결과 요인을 중심으로 대학 격차를 분석하여 우리나라 대학교육의 현 위치를 실증적 자료를 근거로 분석하고자 한다.

1 한국 대학의 양적 변화 추이

현재 우리나라 「고등교육법 제2조」에서 구분하는 고등교육기관의 종류는 대학, 산업대학, 교육대학, 전문대학, 원격대학(방송대학·통신대학·방송통신대학 및 사이버대학 포함), 기술대학, 각종학교 등 총 7가지이다. 그 외에도 기능대학, 전공대학, 사내대학형태의 평생교육시설, 원격대학형태의 평생교육시설, 그리고 대학원대학 등이 있다.

대학 수는 2000년 372개교에서 2022년 426개로 14.5% 증가하였고, 2010년 이후에는 420개 전후를 유지하고 있다. 주목할 부분은 4년제 일반대학은 2000년에 161개교에서 2022년 190개교로 29개교 증가한(18% 증가) 반면에, 2년제 전문대학은 2000년 158개에서 2022년 134개로 24개 줄어든(15.2% 감소) 것으로 나타나, 4년제 대학을 선호하는 한국의 문화가 반영된 것으로 판단된다(〈표 Ⅱ-1〉). 그리고 한국 대학구조의 특징은 국·공립대학보다는 사립대학의 비율이 높다는 것이다. 2022년 기준으로 총 426개 고등교육기관 중 국·공립대학은 57개교이고 사립대가 369개교로서, 사립대가 차지하는 비율이 86.6%에 이르고 있다. 이는 해방 이후 정부의 재정 여력이 여의치 않은 상황에서 국·공립학교 설립보다는 주로 사립학교에 의존하며 교육기관이 설립된 결과임은 이미 알려진 사실이다.

〈표 Ⅱ-1〉 대학 수의 변화 추이

(단위; 개교)

구분	2000	2005	2010	2020	2021	2022
계	**372**	**419**	**411**	**429**	**426**	**426**
일반대학	161	173	179	191	190	190
교육대학	11	11	10	10	10	10
산업대학	19	18	11	2	2	2
방송통신대학	1	1	1	1	1	1
전문대학	158	158	145	136	134	134
기술대학	1	1	1	1	1	1
각종학교	4	5	3	2	2	2
대학과정	3	4	2	2	2	2
전문대학과정	1	1	1	-	-	-
원격대학	-	17	3	2	2	2
대학과정	-	15	2	1	1	1
전문대학과정	-	2	1	1	1	1
사이버대학	-	-	16	19	19	19
대학과정	-	-	15	17	17	17
전문대학과정	-	-	1	2	2	2

구분	2000	2005	2010	2020	2021	2022
사내대학	–	1	2	8	8	8
대학과정	–	1	1	3	3	3
전문대학과정	–	–	1	5	5	5
전공대학	–	–	–	3	3	3
기능대학	–	–	–	9	9	9
대학원대학	17	34	40	45	45	45
대학부설대학원	[812]	[1,017]	[1,098]	[1,124]	[1,129]	[1,122]

주 : 1) [ ]안의 수치는 합계에 미포함
2) 학교 수는 신설교, 기존교 포함(폐교 및 캠퍼스 제외, '18년부터 일반대학 학교 수에 분교(5개교)가 포함).
3) 2009년부터 고등교육법령에 의해 원격대학(대학과정) 11개교가 사이버대학으로 인가
4) 기능대학의 특성화 대학 산정기준 변경(3개교 → 1개교)으로 학교 수에 소급적용함(2011년부터)

출처 : 교육부, 한국교육개발원(2022). 2022 간추린 교육통계. p.33.

대학의 재적 학생 수(재학생, 휴학생 포함) 변화 추이를 보면, 2000년도에 3,363,549명에서 2022년 3,117,540명으로 246,009명 감소(7.3%)한 것으로 나타났다. 그중에서 일반대학과 전문대학 재적 학생 수 변화 추이를 보면, 2000년 전문대학과 일반대학의 재적 학생 수는 각각 913,273명과 1,665,398명이었다. 전문대학 재적 학생의 숫자는 2000년 이후 지속적으로 감소하여 2022년에는 539,306명으로 지난 21년 동안 373,967명(40.9% 감소)이 감소하였다. 반면에 일반대학 재적 학생의 숫자는 2010년까지 증가하다가 이후부터 감소하였고, 2022년 기준으로 1,888,699명이었다(〈표 II-2〉). 재적 학생 수 변화 추이를 통해 알 수 있는 것은 학령인구 감소로 인해 전반적으로 대학생 수가 감소하고 있지만, 4년제 일반대학보다는 2년제 전문대학의 재적 학생 수가 더 큰 폭으로 감소하고 있음을 알 수 있다.

〈표 Ⅱ-2〉 대학생 수의 변화 추이

(단위; 명)

구분	2000	2005	2010	2020	2021	2022
계	**3,363,549**	**3,548,728**	**3,644,158**	**3,276,327**	**3,201,561**	**3,117,540**
일반대학	1,665,398	1,859,639	2,028,841	1,981,003	1,938,254	1,888,699
교육대학	20,907	25,141	21,618	15,628	15,409	15,091
산업대학	170,622	188,753	133,736	15,384	14,539	14,258
방송통신대학	360,051	282,023	272,452	144,239	142,719	136,789
전문대학	913,273	853,089	767,087	621,772	576,041	539,306
기술대학	100	189	155	60	62	46
각종학교	3,761	1,148	1,268	3,431	3,438	3,426
대학과정	2,687	1,094	1,213	3,431	3,438	3,426
전문대학과정	1,074	54	55	-	-	-
원격대학	-	56,460	6,501	2,172	2,486	2,836
대학과정	-	53,156	3,646	898	901	958
전문대학과정	-	3,304	2,855	1,274	1,585	1,878
사이버대학	-	-	95,696	130,311	142,127	145,934
대학과정	-	-	93,297	124,225	135,155	138,770
전문대학과정	-	-	2,399	6,086	6,972	7,164
사내대학	-	61	171	414	340	334
대학과정	-	31	92	271	209	208
전문대학과정	-	30	79	143	131	126
전공대학	-	-	-	15,267	14,821	15,036
기능대학	-	-	-	26,051	23,910	21,878
대학원대학	2,164	3,601	7,074	10,440	10,452	10,791
대학부설대학원	[227,273]	[278,624]	[309,559]	[310,155]	[316,963]	323,116

주 : 대학생 수는 재적 학생 수(재학생, 휴학생 포함) 기준이며, 2019년부터 학사학위취득 유예생(고등교육법 제23조의5)이 조사되어 재적 학생 수에 포함됨.

출처 : 교육부, 한국교육개발원(2022). 2022 간추린 교육통계. p.34.

한편 일반대학 대상으로 재적 학생 성별 비율의 변화 추이를 보면, 1985년부터 2022년까지 여학생의 비율은 꾸준히 증가하여 1985년 전체 여학생 비율은 26.8%이었으나, 이후 급격히 증가하여 2000년부터 35%를 넘기 시작하였으며, 2016년에는 40%를 넘어 2022년에는 전체 학생 중 여학생 비율이 42.7%로 나타났다(한국교육개발원, 2022a). 구체적으로 사립대학의 1985년과 2022년의 여학생 비율은 각각 27.0%, 44.7%로 나타났고, 국·공립대학의 1985년과 2022년의 여학생의 비율은 각각 26.4%, 36.2%이었다. 대학에 재학 중인 여학생의 비율은 지속해서 증가하고 있는 추세이지만, 국·공립대학에 비해 사립대학이 시간이 갈수록 여학생의 비율이 더 높아지는 것으로 나타났다.

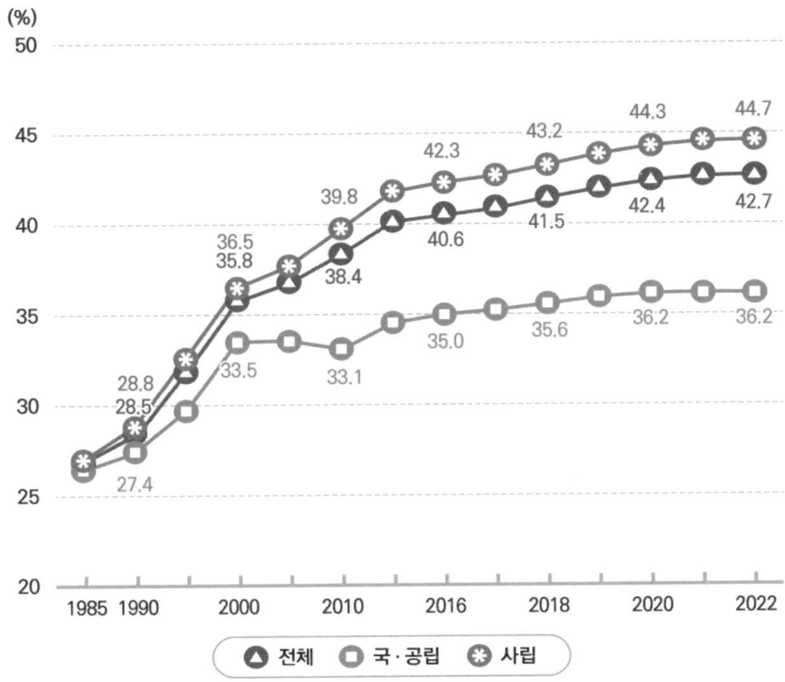

출처 : 한국교육개발원(2022). 2022 교육통계분석자료집. p.88.

[그림 Ⅱ-1] 연도별 일반대학 설립별 여학생 비율 변화 추이(1985~2022)

대학의 교원은 전임교원과 비전임교원, 시간강사로 구분된다. 먼저 전임교원은 2012년 이전에는 총(학)장, 교수, 부교수, 조교수, 전임강사가 포함되었으나, 2013년부터 '전임강사제'가 폐지되면서 전임강사를 제외한 총(학)장, 교수, 부교수, 조교수가 포함된다. 비전임 교원에는 겸임교수, 초빙교수, 명예교수, 객원교수, 대우교수, 기타가 포함되는데 고등교육법 시행('19.8.1)에 따라 2020년부터 비전임 교원에 강사가 포함된다. 교육부는 약 7만5천 명에 달하는 강사들은 대학교육의 중요한 한 축을 담당해왔지만 이에 걸맞은 신분과 처우를 보장받지 못하는 강사에게 교원의 지위와 고용안전성을 보장하는「고등교육법(강사법)」을 개정(18.12.18.공포)하여 19년 8월 1일부터 시행하였다(교육부 보도자료, 2019.6.4.; 한국교육개발원, 2022b).

우선적으로 전임교원 중심으로 변화 추이를 보면 <표 II-3>과 같다. 표에서 보듯이, 대학의 재적 학생 수와는 다르게 전임교원수는 크게 증가하여 2000년에 57,632명에서 2022년에는 31,625명이 증가하여 총 89,257명(54.9% 증가)이었다. 그중에서 4년제 일반대학 교원 수는 2000년, 2022년 각각 41,943명, 66,730명으로 22년 동안 24,787명이 증가하여 2000년 대비 59.1% 증가한 것으로 나타났다. 앞서 살펴보았듯이, 이러한 결과는 같은 기간 동안 일반대학이 29개교 증가한(18% 증가) 것과 무관하지 않다.

<표 II-3> 대학교원 수의 변화 추이

(단위; 명)

구분	2000	2005	2010	2020	2021	2022
계	**57,632**	**66,862**	**77,697**	**89,475**	**90,464**	**89,257**
일반대학	41,943	49,200	55,972	66,054	67,473	66,730
교육대학	698	798	813	827	833	829
산업대학	2,390	2,658	1,942	346	350	324
방송통신대학	113	131	139	149	153	162

구분	2000	2005	2010	2020	2021	2022
전문대학	11,707	12,027	12,530	12,178	12,028	11,626
기술대학	-	-	-	-	-	-
각종학교	52	33	30	148	149	147
대학과정	46	28	23	148	149	147
전문대학과정	6	5	7	-	-	-
원격대학	-	342	42	20	18	19
대학과정	-	321	30	8	8	9
전문대학과정	-	21	12	12	10	10
사이버대학	-	-	469	602	607	607
대학과정	-	-	453	563	569	569
전문대학과정	-	-	16	39	38	38
사내대학	-	-	17	5	4	3
대학과정	-	-	9	1	1	1
전문대학과정	-	-	8	4	3	2
전공대학	-	-	-	274	268	262
기능대학	-	-	-	898	863	869
대학원대학	194	379	619	1,509	1,583	1,645
대학부설대학원	[535]	[1,294]	[5,124]	[6,467]	[6,135]	[6,034]

주 : 1) 교원 수는 휴직 교원을 포함한 전임교원수임.
2) 기술대학은 총(학)장 및 전임교원 없음.

출처 : 교육부, 한국교육개발원(2022). 2022 간추린 교육통계. p.35.

하지만 한국교육개발원(2022a)이 분석한 4년제 일반대학 교원(전임교원 및 비전임교원, 시간강사)의 연도별 추이를 보면 교원의 구성이 강사법 제정 이후 전임교원보다도 비전임교원의 증가폭이 더욱 높았음을 알 수 있다. [그림 Ⅱ-2]에서 보듯이, 2000년대에는 시간강사가 가장 많았으나 2013년부터 2019년까지 전임교원이 가장 많게 나타났다. 2015년 이후 전임교원 수는 큰 변화가 없으나 강사법 시행으로 많은 시간강사들이 강사로 전환되어 2020년부터 비전임교원수가 크게 증가하였다. 전임, 비전임, 시간강사의 연도별 추이를 살펴보면, 1990년에는 전임교원 25,337명(52.5%), 비전임교원 976명(2.0%), 시간강사 21,943명(45.5%) 이었다. 2015년 이후 2019년까지 전임교원은 큰 변화 없이 계속 가장 높게 나타나고 있으며, 시간강사는 지속적으로 감소하다가 강사법이 시행된 2020년에 큰 폭으로 감소하여 115명으로 나타났고, 2021년에는 79명, 2022년 0명으로 나타났다. 비전임교원은 2020년에 전년 대비 87.7%(38,908명) 증가하여 처음으로 전임교원보다 높게 나타났으며, 2021년에는 2020년보다 4.3% 증가한 86,857명, 그리고 2022년에는 전년대비 4.1% 증가하여 나타나, 교원 중 가장 많은 비중을 차지하게 되었다(한국교육개발원, 2022a).

이와 같이 4년제 일반대학 교원 수는 2000년대에는 시간강사가 가장 많

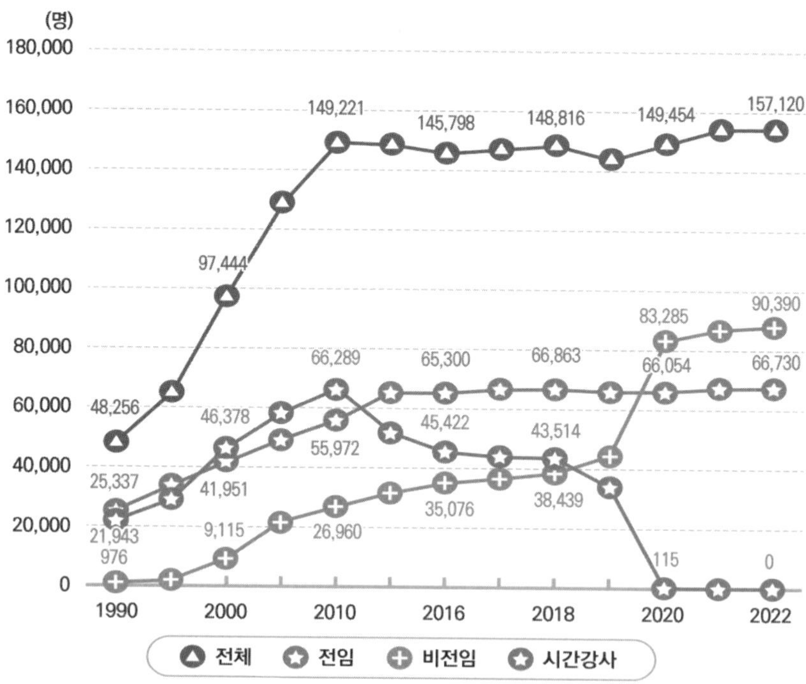

출처 : 한국교육개발원(2022). 2022 교육통계분석자료집. p.122.

[그림 Ⅱ-2] 연도별 대학교원 수 변화 추이(1990~2022)

았고, 2013년부터 2019년까지 전임교원이 가장 많았으며, 2019년 8월 고등교육법 개정(일명 강사법)으로 많은 시간강사가 강사로 전환되어 2020년부터 비전임 교원 수가 크게 증가한 것으로 나타났다. 강사법은 선발 과정의 투명성을 높이고 강사의 법적 지위를 3년간 보장한다는 취지로 시행되고 있지만, 정착 강사 수는 급격히 줄고 비전임교원의 형태로 운영되고 있어 강사의 실질적인 지위는 보장받지 못하고 있는 실정이다.

앞서 살펴보았듯이, 지난 2000년 이후 저출산에 의해 대학생 수는 감소 추세에 있지만, 반면에 대학 수와 대학교원 수는 증가하였다. 이는 대학생 수와 관계없이 대학의 인건비와 시설운영비 수요는 증가하였음을 의미한다. 따라서 지난 20년 동안 대학재정 규모는 양적으로는 증가하였다.

실제로 〈표 Ⅱ-4〉에서 보듯이, 교육부 예산은 2000년 19조 1,720억 원에서 2022년에는 88조 4,565억 원으로 지난 22년 동안 4.6배 증가하였다. 한편 고등교육예산은 2000년에 1조 4,728억 원에서 2022년에는 12조 35억 원으로 8.2배 증가하여 교육부 예산에 비해 양적으로는 더 많이 증가한 것으로 나타났다.

여기서 주목해야 할 관전 포인트는 정부 예산 대비 교육부 예산 비율, 교육부 예산 대비 고등교육예산 비율의 변화 추이이다. 첫째, 정부 예산 대비 교육부 예산 비율은 정부의 교육에 투자 의지를 보여주는 대표적인 지표로서, 2000년에는 그 비율이 20.4%이었던 것이 2015년 전후하여서는 15%대로 감소하였고, 그 이후 18%대를 회복하였지만, 전반적으로 지난 22년 동안 정부가 교육에 대한 투자 의지는 약화되는 추세를 보이고 있다.

둘째, 교육부 예산 대비 고등교육예산 비율은 교육부의 고등교육에 대한 투자 의지를 보여주는 지표로써, 지난 2000년에는 7.7% 정도이었던 것이 2010년 중반에는 17%대까지 증가하다가 다시 2022년에는 13.57%를 약간 상회하는 수준이 되었다. 교육부 예산에 비해 고등교육예산의 양적인 규모에서 증가하였음을 보여주고 있다.

〈표 Ⅱ-4〉 교육부 예산과 고등교육예산 변화 추이(2000~2022)

(단위; 억원)

연도	정부 예산(A)	교육부 예산(B)	고등교육예산(C)	B/A	C/B
2000	939,371	191,720	14,728	20.4	7.7
2005	1,343,704	279,820	19,175	20.8	6.9
2010	2,553,344	417,419	50,467	16.3	12.12
2015	3,227,871	512,241	89,823	15.9	17.54
2016	3,306,713	520,828	92,034	15.8	17.25
2017	3,396,616	618,321	92,807	18.2	16.24
2018	3,686,463	685,492	94,987	18.6	14.85
2019	3,997,691	749,478	101,510	18.7	14.36
2020	4,271,094	769,957	108,330	18.0	14.97
2021	4,598,801	754,684	111,455	16.4	15.70
2022	4,976,769	884,565	120,035	17.8	13.57

주: 1) (~2004) 정부 예산 = 일반회계 + 지방양여금관리특별회계 + 지방교육양여금관리특별회계
2) (2005~) 정부 예산 = 일반회계 + 특별회계
3) 교육부 예산 = 일반회계 + 특별회계(본예산 기준)
4) 2009~2012년 (구)교육과학기술부 예산

출처: 교육부·한국교육개발원(각 년도). 교육통계연보; 교육부(각 년도). 교육부 소관 예산 및 기금운용계획 개요.

그럼에도 불구하고, OECD 국가와 비교해 대학에 대한 정부의 투자는 미흡하다. 한국의 국내총생산(GDP) 규모는 OECD 국가 평균에 비해 높고 세계 10위권에 이르고 있지만, 그에 걸맞은 고등교육투자는 이루어지고 있지 않다. 〈표 Ⅱ-5〉에서 보듯이, 2019년 기준으로 우리나라의 국내총생산(GDP) 대비 고등교육 공교육비 중 정부재원 비율은 0.6%로 OECD 평균(0.9%)보다 낮았고, 반면에 민간재원 비율은 0.9%로 OECD 평균(0.4%)보다 높았다. 우리의 고등교육 투자는 정부 부담보다는 민간부담에 크게 의존하고 있음은 기준연도 2011년 이후 지속적인 추세를 보이고 있다.

〈표 Ⅱ-5〉 국가 경제 규모, GDP 대비 공교육비 비율(OECD 평균과 비교)

발표연도	기준연도	구분	국가 총 GDP (Billion US$)	부담주체별 GDP 대비 공교육비 비율(%)	
				정부	민간
2014	2011	OECD 평균	1,174	1.1	0.5
		한국	1,625	0.7	1.9
2020	2017	OECD 평균	1,541	1.0	0.3
		한국	2,104	0.6	1.1
2021	2018	OECD 평균	1,611	0.9	0.4
		한국	2,220	0.6	0.9
2022	2019	OECD 평균	1,652	0.9	0.4
		한국	2,226	0.6	0.9

주 : 1) 국가 경제 규모는 해당연도 명목 PPP GDP 규모임.
2) 해당 지표는 정부에서 민간으로의 이전 지출(학생에 대한 장학금, 가계지원금 등)을 민간재원으로 포함하는 '최종 재원' 기준 GDP 대비 공교육비 지표임(초기재원을 기준으로 할 경우, 초·중등교육 부문 정부재원은 3.1에서 3.2로, 고등교육 부문 정부재원은 0.6에서 0.9로 증가)

출처 : OECD(2014-2022). *Educational at a Glance*. WEB Table C2.4. *National Accounts at a Glance, GDP* (https://stats.oecd.org).

이러한 현실에서 윤석열 정부는 학생 수 감소 등의 이유로 유·초·중등교육에 지원되고 있던 지방교육재정교부금 중 보통교부금의 국세분 교육세를 고등교육재원으로 활용하고, 교부율 조정도 검토하겠다고 발표하면서 교육재정 감축 문제가 교육계의 핵심 쟁점으로 부각되었다. 그 결과, 여야 합의에 따라 2023년 1월 1일부터 「고등·평생교육지원특별회계」를 3년 한시로 신설하고, 특별회계의 증액 재원은 교육세 세입예산안 중 「유아교육지원특별회계」 지원액을 제외한 금액의 100분의 50에 해당하는 금액('23 1.5조 원)과 일반회계 추가 전입금('23 0.2조 원)을 고등교육에 지원하게 되었다. 하지만 고등교육재정 재원 확보 방식이나 고등교육과 평생교육을 포함한 재정지원 규모로는 매우 미흡하여 여전히 교육계의 논란거리가 되고 있다.

2 한국 대학의 질적 변화 추이

한국 대학의 교육과 연구 생산 역량 등 질적 변화 추이는 대학 취학률과 졸업률, 국민의 학력 수준 등 교육성과의 질적 변화와 교수의 논문 수, 저술 실적 등 연구성과의 질적 변화를 중심으로 살펴보고자 한다.

우선 교육 성과를 대변해 주는 대학진학률은 1990년대 이후 급격히 상승하여 1990년에 27.1%에서 2015년 70.8%로 급격히 상승하였고, 2022년에는 73.3%에 이르고 있다(〈표 Ⅱ-6〉). Martin Trow(1973)의 고등교육단계이론(theory of higher education stage)[1]에 의하면, 우리나라는 대학교육이 더 이상 엘리트 교육 단계가 아닌 보편화 단계(the stage of universal higher education)에 들어선 것이다. 우리나라의 높은 대학진학률은 과잉 교육열의 결과이기도 하지만, 1990년대 김영삼 정부가 추진했던 대학설립준칙주의에 의해 대학 정원 자율화와 대학설립 규제 완화가 대학의 숫자를 증가시킨 것이 주요 원인 중의 하나이다. 질 좋은 일자리가 수반되지 않은 상황에서 높은 대학진학률은 학력 인플레의 부작용으로 바라보는 시각도 있다. 학벌주의가 만연되어 있는 대한민국에서는 대학 졸업장 자체는 거의 의미가 없고, 어느 대학의 졸업장인가가 중요하다는 인식이 강하기 때문이다. 하지만 높은 대학진학률에 의한 대학교육의 보편화 현상은 모두 국민역량 수준을 전반적인 상향시킨다는 관점에서 다른 선진국에서도 대학진학률을 높이는 전략들을 모색하고 있어 부정적인 시각으로 보아서는 안된다.

따라서 대학교육 보편화 시대에서는 과거의 경쟁과 사회선발, 학위와 졸업장 중심의 대학과는 다른 다양한 분야의 지식 생산, 공유, 융합이 자연스럽게 이뤄지는 대학 플랫폼 모형으로 재설계되어야 한다.

---

1) Martin Trow(1973)의 고등교육단계이론에 따르면, 대학 진학률 15% 이하는 '엘리트 단계', 15~50%는 '대중화 단계', 50% 이상은 '보편화 단계'로 분류하고 있음.

〈표 Ⅱ-6〉 연도별 대학진학률 변화 추이

(단위; 명, %)

연도	고교졸업자 수	대학진학자 수	대학진학률
2022	445,815	326,986	73.3
2021	437,515	322,246	73.7
2020	500,373	362,888	72.5
2019	568,736	400,218	70.4
2018	566,545	394,923	69.7
2017	583,608	401,923	68.9
2016	607,598	423,997	69.8
2015	615,462	435,650	70.8
2014	632,983	448,817	70.9
2013	631,197	446,474	70.7
2012	636,724	453,899	71.3
2010	633,539	477,384	75.4
2005	569,272	417,835	73.4
2000	764,712	473,803	62.0
1990	761,922	206,790	27.1

주 : 1) 진학률(%) = 해당연도 고교졸업자 중 진학자 / 해당연도 고교졸업자 * 100
2) 2011년부터는 대학진학자 기준이 대학등록자로 변경됨(종전 : 해당연도 2월 대학등록자)

출처 : 한국교육개발원(1990-2022). 교육통계분석자료집.

한편 대학 졸업자 수는 2022년 기준으로 669,899명으로 전년 대비 13,662명(2.1%) 증가하였다. 일반대학 졸업자 수는 전년 대비 10,653명(3.3%) 증가하였지만, 전문대학의 졸업자 수는 전년 대비 4,337명(2.7%) 감소하였고, 대학원 졸업자 수도 전년 대비 5,179명(5.4%) 증가하였다. 대학 졸업자 수는 2016년까지 증가하다가 그 이후 점진적으로 감소하는 경향을 보이다가 2022년에 다시 증가하는 추세이다(〈표 Ⅱ-7〉 참조).

〈표 Ⅱ-7〉 연도별 대학 졸업자 변화 추이

(단위; 명)

연도	총 계	대학 학부 졸업자 수				대학원 졸업자 수
		일반대학	교육대학	전문대학	기타	
2022	669,899	336,085	3,822	159,135	69,228	101,629
2021	656,237	325,432	3,818	163,472	67,065	96,450
2020	666,083	324,004	3,717	168,157	71,020	99,185
2019	653,388	323,883	3,824	166,327	61,909	97,445
2018	660,772	323,735	3,792	168,780	66,933	97,532
2017	678,845	335,650	3,857	171,210	70,207	97,921
2016	685,089	334,643	3,833	178,482	72,789	95,342
2015	680,698	322,413	4,357	182,424	76,763	94,741
2014	667,056	301,606	4,690	183,557	81,467	95,736
2013	657,013	294,952	5,055	184,817	76,626	95,563
2012	665,057	298,727	5,225	188,468	77,629	95,008
2011	653,118	293,967	5,574	188,216	74,313	91,048
2010	628,689	279,603	5,956	190,033	65,227	87,870
2000	542,184	214,498	5,233	223,489	45,585	53,379

주 : 1) 고등교육기관에는 일반대학, 산업대학, 교육대학, 전문대학, 방송통신대학, 사이버대학, 기술대학, 각종학교, 대학원, 전공대학, 원격대학형태의 평생교육시설, 사내대학형태의 평생교육시설, 기능대학이 포함됨.
2) 기타에는 산업대학, 방송통신대학, 사이버대학, 기술대학, 각종학교, 전공대학, 원격대학형태의 평생교육시설, 사내대학형태의 평생교육시설, 기능대학이 포함됨
3) 대학원에는 대학부설 대학원과 대학원대학이 포함됨
4) 졸업자 수에는 전년도 후기 및 해당연도 전기 졸업자가 포함됨.

출처 : 한국교육개발원(2000-2022). 교육통계분석자료집.

한국 국민의 학력 수준은 25-34세 성인인구 중 고등교육 이수자 비율로 판단할 수 있고, 이수자 비율은 2021년 기준으로 69%를 차지하고 있으며, OECD 평균인 47%에 비해 매우 높은 편이다. 한국의 고등교육 이수자 비

율은 2010년 65%에서 11년이 지난 2021년에는 4%가 증가하였다(〈표 Ⅱ-8〉 참조). 한국은 인구 중 고등교육 이수자가 많은 것이 특징이고, 이는 한국의 교육열에 기인하는 측면이 강하며, 이 또한 우리나라가 대학교육의 보편화 시대에 살고 있음을 보여주는 통계이기도 하다. 국가 차원에서는 고급의 인적자원을 확보하고 있다는 측면에서 중요한 통계이기도 하다.

〈표 Ⅱ-8〉 연도별 고등교육 이수율 변화 추이(25~34세)

(단위; %)

연도	한국	OECD 평균
2021	69	47
2020	70	45
2019	70	45
2018	70	44
2017	70	44
2016	70	43
2015	69	42
2010	65	37

출처 : OECD(2000~2022). Education at a Glance.

하지만 높은 고등교육 이수율에 비해 그에 걸맞은 고용이 이루어지지 않는 문제점을 안고 있다. OECD의 교육지표(Education at a Glance, 2022)에서 보여주듯이, 한국의 고등교육 이수자 고용률은 2011년 75%, 2021년 76%로서 OECD 평균인 2011년 83%, 2021년 84%에 비해 낮은 것으로 나타났고, 2021년 고용률의 경우 비교 대상인 38개국 중에서 그리스(69%), 이탈리아(70%), 튀르키예(71%)를 제외하고 가장 낮은 것으로 나타났다. 2011년의 고용률도 이탈리아(68%), 그리스(69%)에 이어 세 번째로 낮아 한국의 경우 고등교육 이수자의 취업 성과가 타 국가보다 상대적으로 매우 낮은 것을 알 수 있다([그림 Ⅱ-3] 참조).

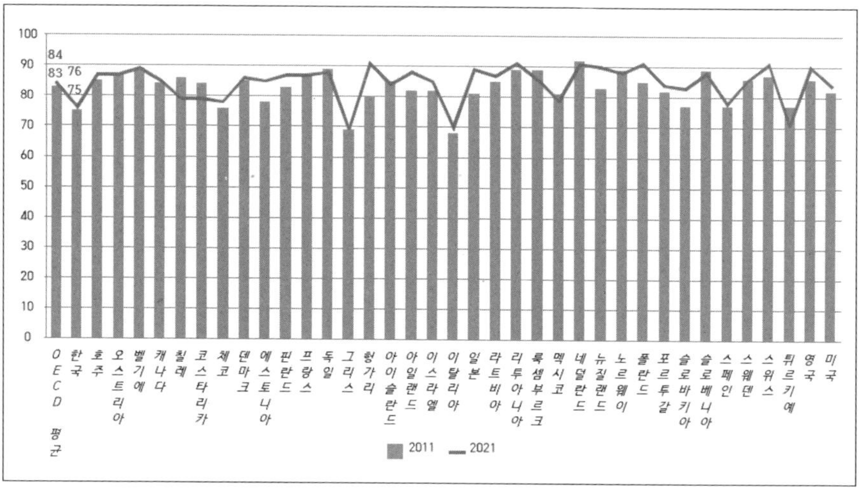

[그림 Ⅱ-3] OECD 국가의 고등교육 이수자(25~34세) 고용률 비교(2011, 2021)

둘째, 연구성과의 질적 변화를 대변하는 교수의 연구실적 변화 추이는 다음 〈Ⅱ-9〉와 같다. 표에서 보듯이, 최근 6년간 교수의 논문게재실적은 지속적인 감소 추세에서 2019년 67,478건으로 2020년 69,217건으로 다

〈표 Ⅱ-9〉 연도별 4년제 대학 논문게재실적 변화 추이(2015~2020)

(단위; 명, 건)

연도	교원 수	국내전문 학술지(KCI)	국제전문 학술지(SCI급)	국제일반 학술지	합계	1인당 논문 수
2015	73,854	39,609	29,564	1,531	70,704	0.96
2016	74,461	38,487	28,467	1,765	68,719	0.92
2017	74,190	37,747	28,656	1,696	68,098	0.92
2018	73,460	37,620	27,941	1,875	67,435	0.92
2019	73,762	36,432	29,461	1,585	67,478	0.91
2020	72,435	36,173	31,974	1,070	69,217	0.96

주 : 2020년 자료는 대학알리미 교육연구 자료임.

출처 : 한국연구재단(2020). 2020년도 전국대학 대학연구활동실태조사 분석보고서. p.87; 한국대학교육협의회 대학알리미(http://www.academyinfo.go.kr) 교육연구 자료.

소 증가하였다. 최근 6년간 국내 전문학술지 게재실적은 지속적인 감소 추세를 보인 반면, 국제전문학술지는 감소 추세에서 2019년 29,461건, 2020년 31,974건으로 증가하였다. 하지만 교수 1인당 논문 수는 0.92건을 유지하다가 2020년에는 0.96으로 다소 증가한 것으로 나타났다.

교수의 연구성과와 관련하여 최근 6년간 저술발표실적의 변화 추이를 보면(〈Ⅱ-10〉 참조), 2015년 6,538건이었지만, 지속적으로 감소하여 2020년에는 5,096건으로 22.1% 감소하였다. 그에 따라 교수 1인당 저술발표실적도 2015년 0.09건에서 2020년 0.07건인 것으로 나타났다.

〈표 Ⅱ-10〉 연도별 4년제 대학 저술실적 변화 추이(2015~2020)

(단위; 명, 건)

연도	교원 수	저술실적	교수 1인당 저술실적
2015	73,854	6,538	0.09
2016	74,461	5,893	0.08
2017	74,190	5,644	0.08
2018	73,460	5,686	0.08
2019	73,762	5,356	0.07
2020	72,435	5,096	0.07

주 : 2020년 자료는 대학알리미 교육연구 자료임.

출처 : 한국연구재단(2020). 2020년도 전국대학 대학연구활동실태조사 분석보고서. p.87; 한국대학교육협의회 대학알리미(http://www.academyinfo.go.kr) 교육연구 자료.

3 지역별·설립별 고등교육의 격차

가. 지역 간 대학교육의 격차 분석

지역 간 고등교육 격차 수준을 분석하기 위하여 여기서는 반상진(2011)

의 분석 틀에 근거하여 고등교육의 투입, 과정, 산출 요인을 중심으로 지역 간 불균형 지수를 분석하였다. 여기서 제시된 투입·과정·산출 요인의 하위 요인들은 OECD에서 매년 발간하는 'Education at Glance'에서 분류한 요인을 근거로 재구성하였지만, 이 요인들의 타당성 여부는 이견이 있을 수 있다. 하지만 여기서 의도하는 바는 재학생 대비 대학교육 관련 요인의 총량이 지역적으로 어느 정도 차이가 있는지를 규명함으로써 지역 간 고등교육 불균형 수준을 대략적으로 가시화하고자 하였다(반상진, 2011).

우선 지역 간 고등교육 투입요인 수준을 비교해 본 결과 〈표 Ⅱ-11〉과 같다. 표에서 보듯이, 2019년 기준으로 4년제 대학 재학생 수는 전체 2,001,643명 중에서 수도권 소재 재학생 수는 786,950명으로서 전체 재학생 수에서 차지하는 비중은 39.3%이었다. 그에 따라 일반대학의 수는 총 191개교이고, 그중에서 수도권 소재 대학의 수는 71개교로서 전체 대학의 수에 차지하는 비중이 37.2%이었다.

전체 교수 수는 65,909명이지만, 대학 수에 비례하여 지방 소재 대학의 교수가 많지만, 수도권 대학의 교수 수가 차지하는 비율은 40.1%로서 상대적으로 대학당 교수 수가 수도권이 많음을 알 수 있다. 그리고 대학재정지원의 규모는 총 6조 6,007억 원 중에서 48.4%가 수도권 대학에 지원되었고, 대학당 재정지원 규모를 보면 수도권 대학이 평균 447.8억 원으로서 지방 소재 대학 평균 282.1억 원에 비해 1.6배 지원되고 있음을 알 수 있다. 대학등록금 수준도 수도권 대학의 평균 대학등록금 수준이 759.6만 원으로 지방 소재 대학의 평균 대학등록금 624.1만 원에 비해 135만 원 정도 비싼 것으로 나타났다.

이와 같이 수도권과 지방 소재 대학 간의 고등교육 투입요인을 비율을 근거로 분석해 보면, 재학생 수, 대학 수, 대학재정지원 규모 등은 전체 중에서 지방 소재 대학이 차지하는 비중이 높았고, 대학당 재정지원 규모와 대학등록금 수준은 수도권 소재 대학이 차지하는 비중이 높았다. 2019년 현재 대학 수, 교수 수, 대학재정지원 규모, 대학당 재정지원 규모, 대학등록금 수준 등 고등교육 투입요인 총량은 수도권이 48.4%, 지방은 51.6%로서 지방이 높았다. 하지만 이러한 투입요인 총량의 실질적인 측면을 살펴보기 위해 투입요인 총량을 대학 재학생 비율 대비로 산출하면 수도권 고등교육의 투입 총량이 재학생 비중의 1.23배인 반면, 지방은 0.85에 불과하다. 이는 고등교육의 투입요인 총량이 대학 재학생 수에 비해 수도권 대학에 집중되어 있음을 의미한다.

〈표 Ⅱ-11〉 지역 간 고등교육 투입요인 수준 비교 분석(2019년 기준)

( ) ; %

구분	재학생 수 (명) (A)	대학교육 투입요인 총량							B/A
		대학 수 (개)	교수 수 (명)	대학 재정지원 (억원)	대학당 재정지원 (억원)	대학등록금 (백만 원)	비율 합계	평균 (B)	
전국	2,001,643 (100.0)	191 (100.0)	65,909 (100.0)	66,007 (100.0)	345.6 (100.0)	6.741 (100.0)	500	100.0	1.00
수도권	786,950 (39.3)	71 (37.2)	26,413 (40.1)	31,797 (48.4)	447.8 (61.4)	7.596 (54.9)	242	48.4	1.23
지방	1,214,693 (60.7)	120 (62.8)	39,496 (59.9)	33,855 (51.6)	282.1 (38.6)	6.241 (45.1)	258	51.6	0.85

주 : 1) 수도권은 서울, 인천, 경기도를 포함함.
2) 대학은 교육대학, 산업대학, 기술대학, 사내대학 등을 제외한 4년제 일반대학 기준으로 재구성하였음.
3) 대학재정지원 규모는 2019년 결산 기준임.
4) B/A는 재학생 수 비율(A) 대비 평균(B)을 의미함.

출처: 한국대학교육협의회 대학알리미(http://www.academyinfo.go.kr); 한국교육개발원. 교육통계연보.

고등교육의 과정요인 수준을 수도권 대학과 지방 소재 대학 간 비교해 보면(〈표 Ⅱ-12〉), 수도권 대학의 신입생 경쟁률은 13.6%로서 지방 소재 대학 7.0%보다 높았고, 신입생 충원율도 수도권 대학의 경우 99.4%로서 지방 소재 대학 98.5%보다 양호한 수준이었다. 그리고 수도권 대학의 중도탈락률은 3.34%로서 지방 소재 대학 5.34%보다 낮아 재학생의 중도탈락이

수도권 대학의 재학생들이 낮은 것으로 나타났다. 교수 1인당 학생 수는 대표적인 고등교육의 질을 대변하는 지표로써, 수도권 대학은 23.2명으로서 지방 소재 대학 24명보다 적은 것으로 나타났다.

결과적으로 고등교육의 과정요인의 57.18%가 수도권 대학에 몰려있고, 지방 소재 대학에는 42.9% 정도이었다. 2019년 현재 4년제 대학생의 39.3%가 수도권 대학에 재학하고 있기 때문에, 수도권 고등교육의 과정요인 총량이 재학생 비중의 1.45배인 반면, 지방 소재 대학은 0.71배에 불과하다. 이는 대학 재학생수에 비해 고등교육의 과정 요인 총량도 수도권에 집중되어 있음을 의미하고, 투입요인 총량보다 더욱 격차가 있는 것으로 나타났다.

〈표 Ⅱ-12〉 지역 간 고등교육 과정요인 수준 비교 분석(2019년 기준)

( ) ; %

구분	재학생 수 (명) (A)	대학교육 과정요인 총량						B/A
		신입생 경쟁률(%)	신입생 충원율(%)	중도탈락률 (%)	교수 1인당 학생 수	비율 합계	평균 (B)	
전국	2,001,643 (100.0)	9.4	98.8	4.56	23.6	400.0	100.0	1.000
수도권	786,950 (39.3)	13.6 (66.2)	99.4 (50.2)	3.34* (61.5)	23.2* (50.8)	228.7	57.18	1.45
지방	1,214,693 (60.7)	7.0 (33.8)	98.5 (49.8)	5.34* (38.5)	24.0* (49.5)	171.6	42.90	0.71

주; 1) 신입생 경쟁률 = 정원 내 지원자 수 / 정원 내 모집인원
2) 신입생충원율 = 정원 내 입학자 수 / 정원 내 모집인원 x 100
3) 교수 1인당 학생 수는 편제정원 기준임.
4) 중도탈락률은 2018년 기준임.
5) *는 비율이 낮을수록 양호한 수준이기 때문에 역산으로 산출하였음.
6) B/A는 재학생 수 비율(A) 대비 평균(B)을 의미함.

출처: 한국대학교육협의회 대학알리미(http://www.academyinfo.go.kr); 교육부·한국교육개발원. 「취업통계연보」,

한편 고등교육의 산출 요인 수준을 취업률, 진학률, 교수 1인당 국내외 논문 편수, 교수 1인당 연구비, 기술이전 수입료, 특허등록 및 출원 건수

등을 근거로 분석한 결과는 〈표 Ⅱ-13〉과 같다. 수도권 대학 졸업생의 정규 취업률은 66.9%로서 지방 소재 대학 졸업생의 취업률 62.6%에 비해 4.3% 높았고, 대학원 진학률도 수도권 대학(9.03%)이 지방 소재 대학(5.27%)에 비해 높았다.

〈표 Ⅱ-13〉 지역 간 고등교육 산출 요인 수준 비교 분석(2019년 기준)

( ) ; %

구분	재학생 수 (명) (A)	대학교육 산출 요인 총량										B/A
		정규 취업률 (%)	진학률 (%)	교수1인당 국내논문 수(편)	교수1인당 국외논문 수(편)	교수1인당 연구비 (백만원)	기술이전 수입료 (천원)	특허 등록 (건)	특허 출원 (건)	비율 합계	평균 (B)	
전국	2,001,643 (100.0)	64.2	6.72	0.55	0.42	168.0	1,204	0.19	0.32	800.0	100.0	1.000
수도권	786,950 (39.3)	66.9 (51.6)	9.03 (63.1)	0.54 (49.1)	0.52 (59.4)	216.3 (61.9)	1,558 (62.1)	0.22 (56.7)	0.38 (57.2)	461.1	57.64	1.47
지방	1,214,693 (60.7)	62.6 (48.4)	5.27 (36.9)	0.56 (50.9)	0.35 (40.6)	133.3 (38.1)	951 (37.9)	0.17 (43.3)	0.28 (42.8)	338.9	42.36	0.70

주 : 1) 정규 취업률 및 진학률은 2018년 12월 31일 기준임.
2) 논문 수, 연구비, 기술이전 수업료, 특허 관련 자료는 2018년도 기준임.
3) B/A는 재학생 수 비율(A) 대비 평균(B)을 의미함.

출처: 교육부·한국교육개발원. 취업통계연보; 한국대학교육협의회 대학알리미 (http://www.academyinfo.go.kr)

여기서 주목되는 내용은 교수 1인당 연구비는 수도권 대학이 216.3백만 원으로서 지방 소재 대학 133.3백만 원에 비해 8천 3백만 원이 더 많았지만, 교수 1인당 국내 논문 수는 지방 소재 대학이 0.56편으로 수도권 대학 0.54편에 비해 많았다는 점이다. 물론 교수 1인당 국외논문 편수, 기술이전 수입료, 특허등록 건, 특허출원 건 등의 요인은 수도권 대학이 다소 양호하였다. 이러한 원인은 산업체가 수도권에 집중된 상황에서 산학협력 관련 기술이전 수입료, 특허등록 및 출원 등의 요인이 수도권 대학에 유리할 수 밖에 없었기 때문으로 추론된다. 하지만, 수도권 대학의 교수 1인당 연구비가 지방 소재 대학의 교수보다 1.6배임을 고려한다면, 투입 대비 산출의 측면에서 수도권 대학교수의 연구 역량이나 산학협력 실적에 월등히 우수하다고 결론을 내리기에는 한계가 있다.

결국, 고등교육의 산출 요인도 교수 1인당 국내논문 편수를 제외하고 산출 요인 모두 수도권 대학이 차지하는 비중이 높은 것으로 나타났다. 전체적으로 고등교육의 산출 요인의 57.64%가 수도권에 몰려있고, 지방은 42.36%를 차지하고 있다. 2019년 현재 4년제 대학 재학생 대비 고등교육의 산출 요인 총량이 차지하는 비중이 수도권대학은 1.47배인 반면에, 지방 소재 대학은 0.7배에 불과하다. 고등교육의 산출 요인 총량도 대학 재학생 수 대비로 보더라도 수도권에 집중되어 있음을 알 수 있고, 투입요인과 과정요인 총량보다 지역 간 격차가 가장 큰 것으로 나타났다.

결과적으로 지역 간 고등교육의 투입·과정·산출 요인 총량이 대학 재학생 규모 대비 어느 정도 비중을 차지하는지를 통해 지역 간 고등교육 불균형 지수를 산출한 결과([그림 Ⅱ-4]), 고등교육의 투입·과정·산출 요인 모두 수도권 대학이 지방 소재 대학에 비해 양호하였고, 특히 고등교육의 투입, 과정, 산출 요인 순으로 총량이 수도권 대학과 지방 소재 대학과의 격차가 더욱 심하게 벌어지고 있었다.

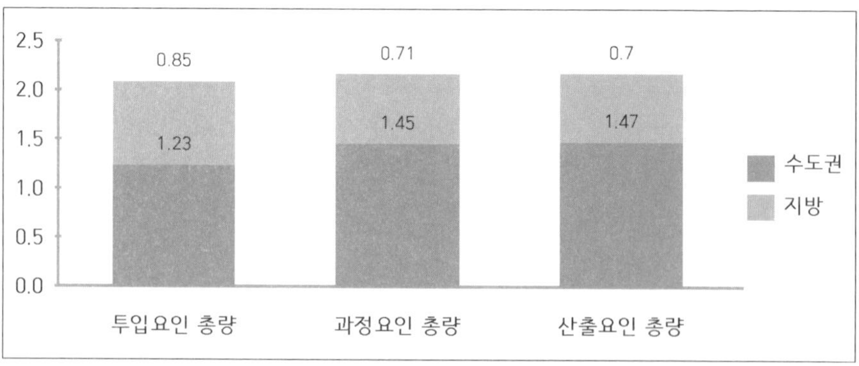

[그림 Ⅱ-4] 지역 간 고등교육의 불균형 지수 비교

나. 설립별 고등교육의 격차 분석

설립별 고등교육의 격차 수준을 분석하기 위하여 국립대학과 사립대학 간 교육여건, 교육과 연구성과, 대학투자 수준을 근거로 설정하였다. 그리고 분석 대상은 9개 거점 국립대와 규모가 비슷한 서울 지역 9개 사립대를 선정하였다.

첫째, 분석 대상 18개 대학을 근거로 설립별 대학의 교육여건을 분석해 본 결과 〈표 Ⅱ-14〉와 같다. 분석 대상 대학을 비교한 결과, 사립대 평균 재학생 수는 25,646명으로 국립대 평균 재학생 수 21,122명에 비해 4,524명 많았다. 그리고 사립대 평균 전임 교수 수(1,161명)도 국립대 평균 교수 수(1,020명)에 비해 141명 많았지만, 교수 1인당 학생 수를 보면 국립대(21.3명)가 사립대(25.7명)에 비해 교육여건이 양호한 것으로 나타났다.

〈표 Ⅱ-14〉 설립별 재학생 수, 전임교수, 전임교수 1인당 학생 수 현황 비교(2021년 기준)

(단위; 명)

구분	평균 재학생 수	평균 전임교수 수	전임교수 1인당 학생 수
국립대	21,122	1,020	21.3
사립대	25,646	1,161	25.7

주 : 1) 국립대는 9개 거점 국립대이고, 사립대는 이화여대, 연세대, 한양대, 중앙대, 고려대, 건국대, 경희대, 성균관대, 동국대 등 9개 대학을 대상으로 분석하였음.
2) 전임교수 1인당 학생 수 = 재학생 수/전임교수

출처 : 한국대학교육협의회 대학알리미(http://www.academyinfo.go.kr).

둘째, 설립별 대학의 교육과 연구성과를 비교해 보면(〈표 Ⅱ-15〉, 〈표 Ⅱ-16〉 참조), 학부 중도탈락률은 사립대가 3.0%, 국립대는 3.6%로서 사립대의 학부 중도탈락률은 낮았다. 그리고 대학원 진학률은 사립대가 12.9%, 국립대는 8.4%로서 사립대의 대학원 진학률이 높았고, 취업률도 사립대가 70.7%로서 국립대 57.2%보다 높았다. 분석 대상 대학이 국립대는 지방 소재 대학이고, 사립대는 서울 소재 대학이기 때문에, 진학률과 취업률의 차이가 대학교육의 영향인지, 지역적 영향인지는 좀 더 과학적 검증이 필요하다.

〈표 Ⅱ-15〉 설립별 대학생 중도탈락률, 대학원 진학률, 취업률 비교(2021년 기준)

(단위; %)

구 분	학부 중도탈락률(%, 2021)	대학원 진학률(%, 2019)	취업률(%, 2019)
국립대	3.6	8.4	57.2
사립대	3.0	12.9	70.7

주 : 1) 국립대는 9개 거점 국립대이고, 사립대는 이화여대, 연세대, 한양대, 중앙대, 고려대, 건국대, 경희대, 성균관대, 동국대 등 9개 대학을 대상으로 분석하였음.
2) 중도탈락 학생 비율(%) = 중도탈락 학생 수/재학생 수

출처 : 한국대학교육협의회 대학알리미(http://www.academyinfo.go.kr).

그리고 〈표 Ⅱ-16〉에서 보듯이, 국립대 전임교원 1인당 연구비는 195,068천 원인 반면에, 사립대는 282,710천 원으로서 사립대 전임교원이 국립대 전임교원에 비해 1.45배 많았다. 하지만 국립대 전임교원 1인당 국내 학술지(등재지 후보 포함) 게재 논문 편수는 0.54편으로서 사립대 0.45편에 비해 많았고, 전임교원 1인당 저·역서도 국립대 교원(0.07편)이 사립대 교원(0.06편)에 비해 약간 많았다. 다만, 전임교원 1인당 국제 학술지(SCI/SCOPUS)에 게재 논문 편수는 사립대(0.74편)가 국립대(0.55편)에 비해 많았다.

따라서 국립대 전임교원이 상대적으로 사립대 교수에 비해 낮은 연구비를 받고 있지만, 연구실적은 전반적으로 사립대에 비해 양호한 것으로 해석할 수 있다. 이는 비용 대비 연구 성과(연구 효율성) 결과를 보면 분명해진다. 〈표 Ⅱ-16〉에서 보듯이, 전임교원 1인당 연구비 대비 전임교원 1인당 국내 학술지(등재지 후보 포함) 게재 논문 편수 비율이 국립대 0.028, 사립대 0.016, 전임교원 1인당 연구비 대비 국제 학술지 게재 논문 편수 비율이 국립대 0.028, 사립대 0.026, 그리고 전임교원 1인당 연구비 대비 저·역서

비율이 국립대 0.004, 사립대 0.002로서 전반적으로 국립대 전임교원의 연구 효율성이 양호한 것으로 나타났다.

결국, 국립대 전임교원의 연구 역량이 사립대 전임교원에 비해 상대적으로 저비용, 고성과의 고효율 구조를 가지고 있다는 해석이 가능하다. 일반적으로 국립대가 사립대에 비해 비효율적이고 경쟁력이 떨어진다는 사회적 인식이 강하지만, 〈표 Ⅱ-16〉에서 보여주는 결과는 그러한 인식이 과학적 근거에 기반한 것이라고 하기에는 한계가 있음을 보여주고 있다.

〈표 Ⅱ-16〉 설립별 전임교원 1인당 연구비 및 논문 실적 비교(2020년 기준)

구분	전임교원 1인당 연구비 (천원) (A)	전임교원 1인당 논문(편)		전임교원 1인당 저·역서(D)	연구 효율성		
		등재지 후보 포함(B)	SCI/ SCOPUS(C)		B/A	C/A	D/A
국립대	195,068.3	0.54	0.55	0.07	0.028	0.028	0.004
사립대	282,709.7	0.45	0.74	0.06	0.016	0.026	0.002

주 : 1) 국립대는 9개 거점 국립대이고, 사립대는 이화여대, 연세대, 한양대, 중앙대, 고려대, 건국대, 경희대, 성균관대, 동국대 등 9개 대학을 대상으로 분석하였음.
2) 연구 효율성은 전임교원 1인당 연구비 천만 원 지원 대비 연구 결과 비율을 의미함.

출처 : 한국대학교육협의회 대학알리미(http://www.academyinfo.go.kr).

셋째, 분석 대상 대학을 근거로 설립별 대학의 재정 현황을 비교해 보면(〈표 Ⅱ-17〉 참조), 국립대 평균 총교육비는 3,918.5억원, 사립대는 5,700억 원 정도로서 사립대가 평균 1,781억 원 정도 많았다. 국립대 총교육비는 사립대 총교육비 대비 68.7% 수준에 머물러 있다. 그에 따라 국립대 학생 1인당 교육비는 18.5백만 원, 사립대는 21.7백만 원이었고, 국립대 학생 1인당 교육비는 사립대 대비 85.2% 수준이다. 또한, 국립대 학생 1인당 장학금 270만 원, 사립대 327만 원이었고, 국립대 학생 1인당 장학금은 사립대 대비 82.7% 수준이다.

〈표 Ⅱ-17〉 설립별 학생 1인당 교육비 현황 비교(2020년 기준)

(단위; 원)

구분	총교육비(평균)	학생 1인당 교육비	학생 1인당 장학금
국립대	391,853,037,964	18,508,744	2,703,159
사립대	569,990,446,144	21,686,914	3,268,165

주 : 1) 국립대는 9개 거점 국립대이고, 사립대는 이화여대, 연세대, 한양대, 중앙대, 고려대, 건국대, 경희대, 성균관대, 동국대 등 9개 대학을 대상으로 분석하였음.
2) 국립대 총교육비는 대학회계, 발전기금, 산학협력단회계, 도서구입비, 기계기구매입비 포함.
3) 사립대 총교육비는 교비 회계, 산학협력단회계, 도서구입비, 기계기구매입비 포함.

출처 : 한국대학교육협의회 대학알리미(http://www.academyinfo.go.kr).

결론적으로 여기서 분석한 대상이 9개 거점 국립대와 규모가 비슷한 서울 지역 9개 사립대라는 연구대상의 제한적 적용이라는 한계가 있지만, 설립별 고등교육의 격차 수준을 교육여건, 교육과 연구성과, 대학투자 수준을 근거로 분석해 보았을 때, 교수 1인당 학생 수로 대변되는 대학의 교육여건은 국립대가 양호하였고, 대학의 교육 성과는 사립대가 양호하였으며, 연구성과는 연구 효율성 관점에서는 국립대가 오히려 우수한 것으로 보인다. 대학재정은 총교육비, 학생 1인당 교육비 및 장학금 규모 모두 사립대가 월등한 수준인 것으로 나타났다.

대전환 시대, 한국 대학교육의 미래는?

III

❶ 인구구조 변화와 대학교육

❷ 4차 산업혁명과 대학교육

❸ 공유·연대 사회와 대학교육

❹ 포스트코로나·뉴노멀사회와 대학교육

❺ 양극화와 대학교육

한국 대학체제의 새판 짜기

- 공유성장을 위한 대학체제 대전환을 위하여 -

III 대전환 시대, 한국 대학교육의 미래는?

우리는 대전환의 시대에 살고 있다. 역사의 변곡점(inflection point) 시대, 혼합 위기(hybrid crisis) 시대에 살고 있다. 지난 2019년 12월 중국 우한시에서 발원한 것으로 추정되는 신종코로나바이러스(코로나 19)가 전 세계로 확산되면서 결국 세계보건기구(WHO)는 2020년 3월 코로나 19에 대하여 팬데믹(감염병 세계 유행)을 선언했다. 코로나 19는 인류와 지구의 취약성과 상호연결성의 중요성을 동시에 입증시켜 주었다. 세계사적으로 인류가 겪었던 팬데믹 현상은 여러 차례 있었지만, 그 중에서 14세기 유럽 흑사병 대유행이 인류에게 던져진 변화는 기존의 신(神) 중심 사고가 지배했던 유럽 중세시대를 끝내고, 인간 중심 사고가 지배하는 르네상스라는 사회적·문화적 대격변의 씨앗이 되었다는 역사적 사실을 다시 생각해 볼 필요가 있다.

현재로서는 코로나 팬데믹을 종식할 수 있는 백신과 치료제 개발이 인류의 최우선 과제이지만, 세계보건기구(WHO)나 세계적 감염병 전문가들은 코로나는 천연두처럼 백신으로 종식될 수 있는 질병이 아니라 영원히 인류와 함께할 질병이 될 것이라는 전망을 하고 있어 매우 우울한 상황이다. 하지만 14세기 유럽 흑사병이 르네상스 시대를 여는 서막이 되었듯이, 코로나 팬데믹이 인류의 미래를 어떻게 이끌지 누구도 알 수 없는 불확실성 그 자체이다.

이와 같이 우리는 예측과 논리로 설명할 수 없는 불확실한 미래에 직면해 있다. 분명한 것은 과거에는 인간의 욕망과 갈등에 의해 전쟁, 세계 경제 및 질서 위기를 맞이하였다면, 현재는 인간의 내재적 요인이 아닌 코로나 팬데믹, 세계적 이상 기후, 세계 경제 침체라고 하는 외재적 요인에 의해 탈세계화, 글로벌 공급 체인 변화, 사회·경제적 초양극화 심화, 비대면사회 확산 등 코로나 19 이전에 우리가 살고 있던 사회의 근본 구조가 변하고 있고, 개인의 라이프스타일까지 뒤바뀌는 뉴노멀 시대(New Normal)를 맞이하고 있다는 사실이다. 지금의 상황은 인간 스스로 통제와 조정을 통해 해결할 수 없기 때문에 더욱 불확실한 위기적 상황임에 틀림이 없다. 누구도 예측할 수 없는 뉴노멀 시대, 인류에게 어떠한 새로운 세상이 펼쳐질지 기대감과 불안감이 공존하고 있다.

이러한 상황에서 2022년 2월 러시아와 우크라이나와의 전쟁은 세계 경제를 시계 제로로 만들고 있다. 조기에 종전될 것이란 예측과는 다르게 이 전쟁이 장기화되면서 혼합위기로 인한 세계 경제 침체를 더욱 심화시키고 있다. 대외경제정책연구원이 최근 발간한 보고서 '우크라이나 사태와 대러 제재의 경제적 영향(박정호 외, 2022, p.47)'에 의하면, 러시아와 우크라이나와의 전쟁은 원자재·곡물 가격 급등, 글로벌 공급망 차질, 국제금융시장을 통한 전이 등으로 세계 경제 침체의 늪에 빠지게 될 가능성이 높아졌고, 한국도 한국경제의 공급곡선을 좌상향으로 이동시키는 충격으로, 최근 인플레이션 우려를 증폭시키고, 물가상승과 경기둔화가 동시에 나타나는 스태그플레이션 압력을 고조시키고 있다는 분석이다.

이와 같이 한국 사회를 포함한 인류는 이중, 삼중의 도전과제에 직면해 있다. 코로나 팬데믹 이후, 지구촌은 전염병과 건강위기, 기후위기, 경제침체 위기 등 이른바 혼합위기(Hybrid Crisis) 시대를 맞이하였다는 현실과 더불어 인공지능, 로봇, 3D 프린터, 빅데이터 등 디지털 혁명으로 일컬어지는 4차 산업혁명과 초연결 시대를 맞이하였다는 현실이다. 문제는 이들이 인류에게 희망보다는 무거운 현실로 다가오고 있다는 점이다. 이를테면, 인류는 노동 시장의 양극화, 새로운 일자리 창출 및 인간관계 파괴, 부의 불평등한 분배, 다양한 유형의 갈등 증가, 불확실성, 저성장 등 급격한 대전환을 경험하고 있는 현실이다. 특히 우리나라의 경우에는 인구절벽에 의한 생산연령 인구 급감으로 저성장의 늪에 빠질 가능성이 높은 시대적 위기 상황에 있다.

코로나팬데믹 이전에도 우리는 4차 산업혁명, 초연결사회, 인구구조 변화, 저성장과 초 양극화 등 대전환 시대를 예견하고 있었지만, 코로나 19로 인해 그 시기는 훨씬 다른 양태로 앞당겨 전개되고 있다. 이러한 시대 대전환으로 인류는 기존의 가치와 질서가 작동하지 않는 뉴노멀 사회에 살게 될 것이라고 모두가 예상하지만, 인간 삶과 라이프스파일은 어떻게 변하고, 그리고 인간 삶의 가장 핵심적인 영역인 교육은 어떤 모습으로 변해야 하는지는 누구도 단언하기 어려운 상황이다.

유네스코 국제미래 교육위원회는 '함께 그려보는 우리의 미래; 교육을 위한 새로운 사회계약(Reimagining our futures together; a new social contract for education, 2021)'의 보고서를 통해 교육의 힘이 미래 사회의 심대한 변화를 불러일으킬 수 있다는 신념을 강조하며, 이를 위해 모든 아동, 청소년, 성인들이 질 높은 교육을 받을 권리를 보장하겠다는 미완의 약속을 이행하고, 다른 한편으로는 모두에게 지속 가능한 미래로 가는 경로로서 교육이 가진 변혁적 잠재력을 완전히 실현해야 한다고 제안하고 있다. 유네스코는 정의롭지 못한 부분을 바로잡으면서 미래를 바꿔 놓을 교육을 위한 새로운 사회계약이 필요하고, 이 새로운 사회계약은 인권에 근간을 두고 차별금지와 사회정의, 생명 존중, 인간 존중 및 문화 다양성에 기초해야 하며, 또한 돌봄의 윤리, 호혜주의, 연대를 포괄해야 하면서, 공동의 사회적 노력(shared societal endeavours)이자 공동재(common good)로서 교육을 강화해야 한다는 점을 강조하고 있다(유네스코, 2021).

분명한 것은 산업사회에 적합했던 지금까지 대량생산 위주의 공장형 학교교육체제로는 더 이상 교육의 기능을 담당할 수 없다는 사실이다. 특히 고등교육을 담당하는 대학은 새로운 패러다임으로 변모되어야 하고, 그들의 시대적·사회적 역할은 더욱 강화될 것이다.

여기서는 [그림 Ⅲ-1]에서 보듯이, 우리 사회에게 던져진 시대적 화두는 전염병과 건강위기, 경제침체, 기후환경 위기 등 혼합위기와 인구구조 변화, 제4차 산업혁명 및 포스트휴먼시대, 공유·연대사회, 포스트코로나 뉴노멀사회 등의 디지털 혁명 시대가 저성장과 교육양극화 등의 국가적 의제와 직결된다고 보고, 이를 위해 여기서는 대학체제는 어떻게 재설계하느냐 하는 문제를 논의할 것이다. 이 문제를 고민하기 위해 Ⅲ절에서는 시대적 키워드가 고등교육에 주는 전망과 시사점을 정리해 보고자 한다.

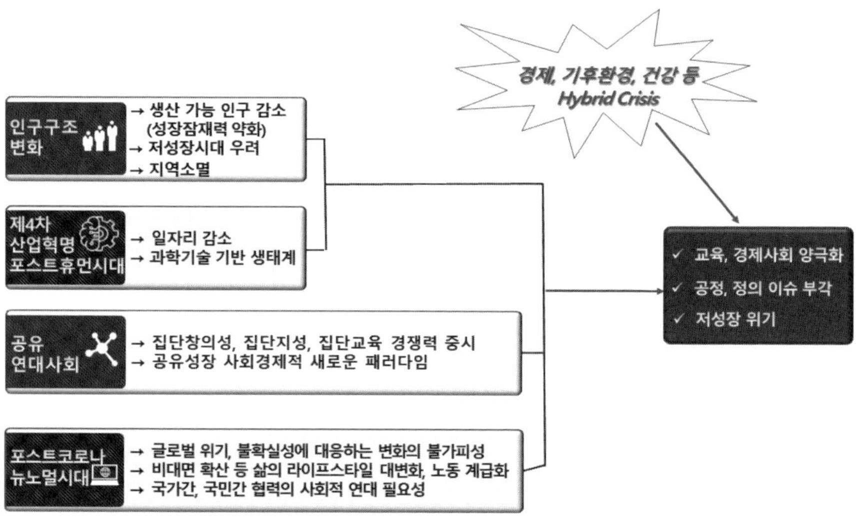

[그림 Ⅲ-1] 대전환 시대의 주요 키워드와 전망

1 인구구조 변화와 대학교육

우리 사회가 저출생·고령화가 급속히 진행되면서 인구구조 변화의 문제는 이미 국가적 의제가 되었지만, 이에 대한 국가적 대응은 여전히 미흡한 것이 사실이다. 한국의 합계출산율은 1970~1974년 4.21명으로 세계 국가 중 73번째로 낮았지만, 2022년에는 0.78명으로 OECD 국가 중에서 첫 번째로 낮은 수준이다.

반면에 한국의 65세 이상 고령 인구 구성비는 2020년 15.7%에서 2070년 46.1%까지 계속 증가할 전망이고, 그에 따라 한국은 2018년에는 고령사회(노인 인구비율 14% 이상), 2025년에는 고령 인구 구성비가 20%로 초고령사회(노인 인구비율 20% 이상)로 진입하게 될 것이다. 그리고 15~64세 생산연령인구는 2020년 기준으로 총인구의 72.1%(3,738만 명)에서 2070년 46.1%로 급감하여 생산연령인구 1백 명당 부양할 인구는 2020년 38.7명(노년 21.8명)에서 계속 높아져 2070년 116.8명(노년 100.6명)까지 증가할 전망이다(통계청, 2021, 2023a). 이러한 인구구조 변화는 우리 사회가 경제적·교육적으로 주목해야 할 커다란 변화임에 틀림이 없다.

인구구조 변화에 대한 국가적 대응은 지난 참여정부부터 저출산·고령화 대책위원회를 설치 운영하면서 대응을 해 왔으나, 출산장려 정책 중심의 정책 추진으로 그 효과는 여전히 미흡한 것으로 평가되고 있다. 이러한 문제의식을 토대로 지난 2019년 교육부가 17개 시·도교육청과 한국교육개발원 등 교육 유관기관과 협력해 초저출산·고령화 등 인구구조 변화에 대응해 '인구구조 변화대응 교육협의체'를 구성한 바 있었다. 2005년 합계출산율 '1.08' 쇼크 이후, 지난 참여정부가 제정했던 「저출산·고령사회기본법」에 근거하여 지금까지 범정부 차원에서 저출산 문제에 대응해 왔지만, 그 해결 방안의 핵심이 양육환경 개선 및 보육교육지원책 등을 통한 출산장려 정책이 중심을 차지하고 있어 실효성이 높지 않고, 2022년 합계출산률 0.78에서 보듯이 오히려 악화되고 있다. 저출생 문제는 교육, 소득, 소비, 연금, 주택, 국방 등 우리 사회의 전반적인 삶의 질과 직결되기 때문에 종합적인 대책이 필요하지만, 저출생을 인구 감소 현상으로 보는 단편적 관점부터

재정리할 필요가 있다.

지금까지 정부는 학령인구 감소를 위기의 요인으로 보고 학교 통폐합과 교육재정 감축과 같은 기능적 축소지향 정책으로 일관해 왔다. 실제로 1982년 이후 전국 5,400여 개 학교가 통폐합되었지만, 수도권 및 대도시로 학생 이동과 지역소멸 현상만 가중되었다. 이러한 상황에서 윤석열 정부는 사회부총리 겸 교육부 장관이 대통령 업무보고에서 '고등·평생교육 지원 특별회계'를 신설하는 방안을 추진하겠다고 보고했다(교육부, 2022.07.29). 특별회계에 들어가는 예산은 기존에 유·초·중·고교에 투자되었던 지방교육재정교부금을 활용한다는 것이다.

지방교육재정교부금은 내국세의 일정 비율(20.79%)과 해당 연도 「교육세법」에 따른 교육세 세입액 중 「유아교육지원특별회계법」에서 정하는 금액을 제외한 금액으로 재원이 확보되는데, 이는 법적으로 정해져 있어 경제 상황에 따라 차이는 있지만, 전반적으로 늘어나는 구조다. 따라서 기획재정부와 경제계는 저출생으로 학령인구가 급격히 줄어들어도 지방교육재정교부금은 늘어나는 구조이기 때문에 방만한 재정구조의 주범으로 오래전부터 지목해 왔다.

윤석열 정부는 이 같은 문제를 해결하기 위해 2023년 1월 1일부터 「고등·평생교육지원특별회계」를 3년 한시로 신설하고, 특별회계의 증액 재원은 교육세 세입예산안 중 「유아교육지원특별회계」 지원액을 제외한 금액의 100분의 50에 해당하는 금액('23 1.5조 원)과 일반회계 추가 전입금('23 0.2조 원)을 고등교육에 지원하게 되었다. 이러한 방향은 교육계의 핵심 쟁점으로 부각되고 있고, 정부가 아우들을 위한 교육재정을 빼내어 대학생들을 위해 사용한다는 형국이니 교육계의 갈등은 당연한 결과이다.

정부의 이러한 조치는 저출생에 의한 학령인구 감소 현상을 학교 통폐합과 교육재정 감축과 같은 축소지향의 정책으로 해결하려는 단순한 기능적 발상에 근거하고 있어 매우 우려스럽다. 저출생과 고령화는 우리 사회의 인구구조 대변혁의 관점에서 복합적으로 접근하고 해결 방안을 모색해야 하기 때문이다. 저출생 현상에 따른 학령인구 감소는 단순히 인구축소만의 문제가 아니다. 우리 사회의 인구구조가 근본적으로 체질 변화하고 있음을 깊이 고민해야 한다.

인구구조 변화 현상은 '인구절벽과 인구지형 변화'로 구분하여 분석해야 하는 새로운 시각이 필요하고, 그에 따라 입체적 해법을 모색해야 한다. 여기서는 대한민국의 지속할 수 있는 발전을 위해서는 학령인구 감소 요인이 위기가 아닌 기회와 도전의 요인으로 전환해야 하는 적극적 접근의 근거를 제시하고자 한다.

첫째, 합계출산률 급격한 감소로 인한 인구 급감과 인구절벽 현상이 우선적인 문제이다. 통계청(2021) 장래인구특별추계(2020~2070)에 따르면, 2020년 현재 5,184만 명에서 향후 10년간은 연평균 6만 명 내외로 감소해 2030년 5,120만 명 수준으로 감소하고, 2070년에 3,766만 명에 이를 것으로 전망하고 있다([그림 Ⅲ-2]). 2070년 인구는 지금의 인구보다 1,400만 명 이상 감소하고 인구 규모는 1979년 수준이 된다는 것이다.

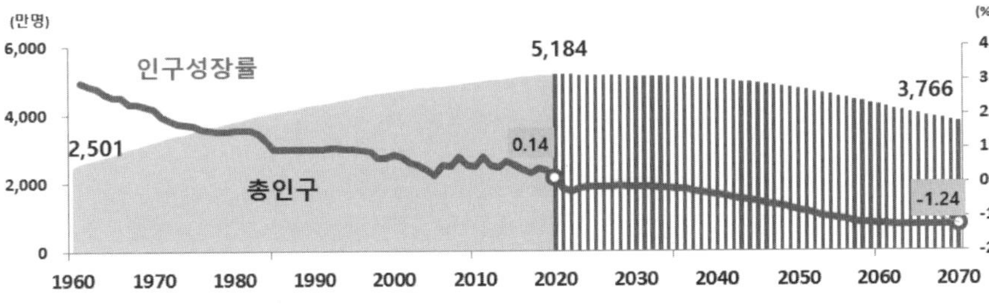

출처 : 통계청(2021). 장래인구특별추계(2020~2070). 보도자료(12.08). p.1.

[그림 Ⅲ-2] 총인구 및 인구성장률(1960~2070년)

여기서 제기되는 문제는 대한민국 토지 면적, 경제 규모 및 시장 규모를 고려할 때 현재의 인구 규모가 과연 적정 인구 규모인지에 대한 과학적 분석이 미비하다는 점이다. 통계청(2021)의 전망에 따르면 2070년 인구가 1979년 수준이 된다는 것인데, 조선일보 1979년 12월 13일 자 '인구와 인간; 3천7백35만4천8백83의 식구(食口)와 자원(資源)'의 기사 내용은 그 당시에도 한국의 인구는 초만원이었음을 지적하고 있음은 재미있는 대목이다. 따라서 단순 인구 감소에 대한 대책 마련보다는 대한민국 인구의 적정 규모에 대한 논의가 더 시급하다.

> 지난 10월 1일 현재 우리나라의 상주인구(常住人口)는 3천7백35만4천8백83명이란 것으로 밝혀졌다. 한국(韓國)은 만원(滿員)이라는 시쳇말이 정말 실감이 난다. 사실은 한국이 만원이라는 말은 벌써 오래전부터 인구를 논할 때 가장 실감을 자아내는 말로써 유행해왔다. 그렇게 따질 때 지금의 우리나라는 인구가 초만원(超滿員)을 지나 넘쳐나고 있다는 것이 제격일는지 모른다. 가령 인구가 너무 많다는 인식이 크게 고조(高調)된 때는 60년대 중반이었다.…65년께에 가족(家族)계획 운동이란 것이 대대적으로 전개된 배경도 그것으로 설명이 잘 될 수 있다. 한데 당시인 65년의 우리나라 인구는 2천8백70만 명이었다. 그것이 인구의 초만원(超滿員)상태라고 한다면 그것보다 꼭 1천만 명이 더 늘어난 지금의 인구 현상을 어떻게 표현해야 할 것인지 막연해지는 것이다.…(중략)
>
> 과대인구(過大人口)니 과잉인구(過剩人口)니 하는 말은 인간(人間)의 생산활동(生產活動)을 전제로 한 상대적(相對的)인 개념(概念)이다. 생산 활동은 생산수단과 결합함으로써 가능하다. 따라서 과잉인구(過剩人口) 현상은 사회적인 생산수단이 노동력인구를 제대로 흡수할 수 없을 때 나타나는 현상이라 할 수 있는 것이다. … (중략)
>
> 인문(人問)의 능력(能力)을 보다 크게 물질적 생산(生產)의 증대(增大)로 연결하는 것이 전체로서나 매 인당의 소득향상(所得向上)을 가져오고 과잉인구(過剩人口) 현상을 불식(拂拭)하는 정도(正道)이다. 국내의 지상(地上)—지하자원(地下資源)부문의 개발(開發)과 활용(活用)을 최대화하고 낙후(落後)된 중소기업(中小企業)부문의 육성(育成)을 적극화하는 것은 산업구조(產業構造)의 견실화(堅實化)를 위해서도 끽긴(喫緊)한 것으로 인식되고 있거니와 자원(資源)으로서의 인간(人間)을 효과적(效果的)으로 활용하는 것과 아울러 경제발전(經濟發展)의 궁극적 목적이라 할 복지향상(福祉向上)의 첩경(捷徑)이

자 정도(正道)인 줄로 여기는 것이다. 인간(人間)을 중시(重視)하는 정책(政策)이 곧 인구(人口)문제의 해결과 직결되는 것임을 강조해 두고 싶은 것이다(조선일보 1979년 12월 13자).

둘째, 인구 급감에 의한 연령별, 지역별 인구비율 변화를 의미하는 인구지형 변화의 문제점이다. 여기서 제기되는 두 가지 문제의식은 연령별 인구비율 감소로 인한 생산연령인구 감소 문제와 지역별 인구비율 감소로 인한 지역소멸 문제가 심각하다는 점을 제기하고자 한다. 우선 생산연령인구 감소의 문제는 생산성 감소, 소비 위축, 일자리 감소, 저성장 가능성 급증 등의 불안감과 연결되어 있다는 것이다. 실제로 통계청(2021)은 15~64세 생산연령인구가 2020년 3,738만 명에서 2030년 3,381만 명으로 감소, 2070년에는 1,737만 명으로 감소하여 생산연령인구의 비중은 2020년 72.1%에서 2070년에는 46.1%로 급격히 낮아질 것으로 전망하고 있다([그림 Ⅲ-3]). 생산연령인구 1백 명당 부양할 인구는 2020년 38.7명(노년 21.8명)에서 계속 높아져 2070년 116.8명(노년 100.6명)까지 세계 최고 수준까지 증가할 전망([그림 Ⅲ-4])이다. 따라서 인구절벽에 따른 생산연령인구 감소 문제가 경제 생산성 감소와 복지 비용 증대 등 국가 경제와 밀접한 관계가 있기 때문에 이에 대한 적극적인 대응이 필요한 시점이다.

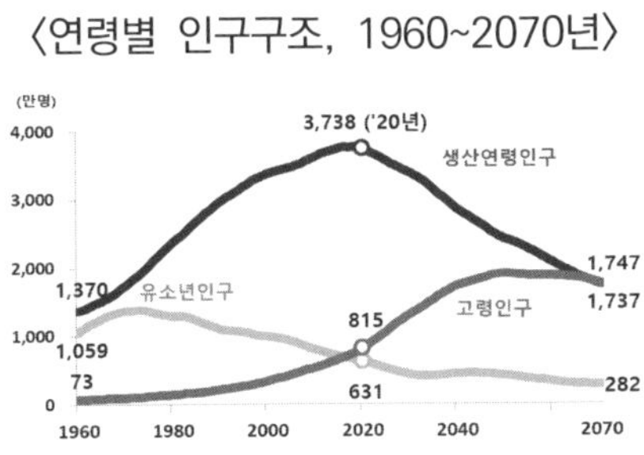

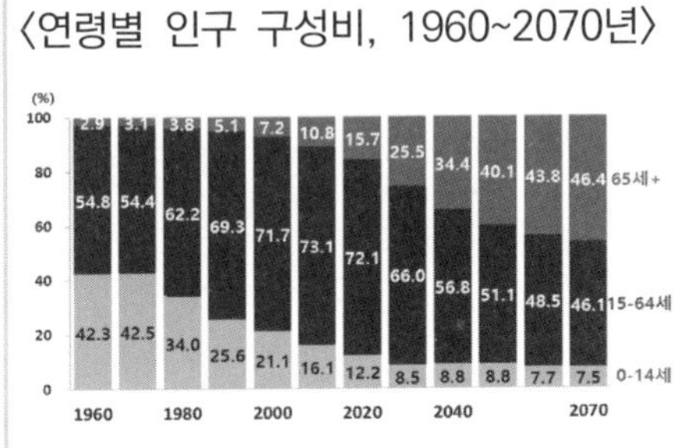

출처 : 통계청(2021). 장래인구특별추계(2020~2070). 보도자료(12.08). p.2.

[그림 Ⅲ-3] 연령별 인구 구성비(1960~2070년)

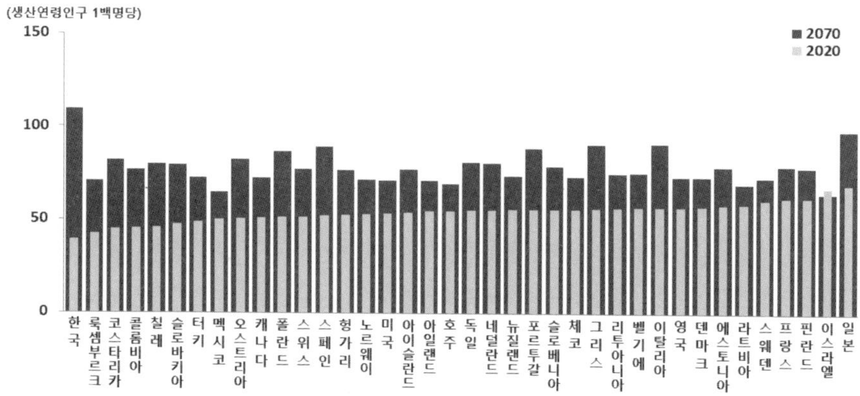

출처 : UN(2019), 「World Population Prospects: The 2019 Revision」; 통계청(2021). 장래인구추계(2020-2070) 보도자료(12.08). p.19.

[그림 Ⅲ-4] OECD 국가별 총부양비 비교, 2020년, 2070년

인구지형 변화와 관련된 두 번째 제기되는 문제의식은 지역별 인구비율 감소, 즉 지역소멸이 가속화되고 있는 상황을 극복해야 한다는 점이다. [그림 Ⅲ-5]에서 보듯이, 2022년 기준 합계출산율은 세종(1.12명), 전남(0.97명), 강원(0.97명) 순으로 높고, 서울(0.59명), 부산(0.75명) 순으로 낮았다(통계청, 2023b). 농산어촌 지역의 합계출산율이 수도권과 대도시 보다 높은 것으로 나타났다.

하지만 시도별 전입 현황을 보면, 수도권은 중부권(-1만 7천 명)으로 순유출, 호남권(1만 명), 영남권(4만 6천 명)에서 순유입되었던 반면에, 중부권은 수도권(1만 7천 명), 호남권(5천 명), 영남권(1만 2천 명)에서 모두 순유입되었고, 호남권은 수도권(-1만 명), 중부권(-5천 명)으로 순유출, 영남권(2천 명)에서 순유입되었으며, 그리고 영남권은 수도권(-4만 6천 명), 중부권(-1만 2천 명), 호남권(-2천 명)으로 모두 순유출되었다(통계청, 2023b, p.18).

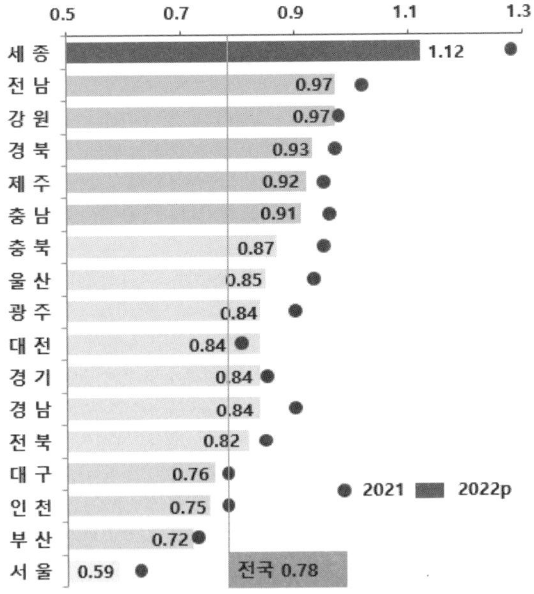

출처 : 통계청(2023a). 2022년 인구동향조사 출생·사망통계(잠정). 보도자료. p.12.

[그림 Ⅲ-5] 시도별 합계출산율(2022년)

출처 : 통계청(2023b). 2022년 국내인구이동통계. 보도자료. p.17.

[그림 Ⅲ-6] 2022년 권역 간 인구 순 이동(단위: 천명)

결국, 농산어촌의 합계출산율은 대도시보다는 높지만, 수도권 및 대도시로의 인구이동으로 지역 간 인구 불균형이 심화되는 지역별 인구비율 감소는 국가균형발전과 관련하여 심각한 문제를 일으키고 있다. 따라서 지역별 학생 수 편차를 고려하지 않고 전체 평균으로 학생 수의 감소, 학급당 학생 수의 감소, 교원 1인당 학생 수 감소 등에 의한 교육 규모 축소를 주장하는 것은 '평균의 덫'에 빠진 형식 논리이고, 지역 간 교육격차를 더욱 심화시킬 수 있음을 간과해서는 안된다.

결과적으로 이러한 인구구조 변화가 경제·사회·교육 등에 미치는 영향은 자명하다. 첫째, 우리 사회가 인구절벽을 걱정하고 있지만, 한국의 경제 규모, 국토 면적 등을 고려할 때 적정 인구가 몇 명인지는 분명하지 않다는 점이다. 향후 인구 정책은 우리 사회의 적정 인구, 규모의 인구 규모 등 과학적인 분석을 통해 설계하는 것이 필요하다.

둘째, 연령별·지역별 인구비율 불균형과 같은 인구지형 변화는 생산연령인구 감소 현상과 지역소멸 현상으로 이어져 경제·사회·교육 등 모든 분야에 영향을 미친다는 점이다. 저출생으로 인한 생산연령인구 감소는 1인당 생산액이 줄고 소비도 위축되는 결과를 초래하고, 한편 고령화 현상은 중장년층의 소비지출을 최소화하고 복지재정 수요를 증가시키며, 이들로 인해 내수시장 위축과 국내 투자 감소, 그리고 일자리 감소와 경제 위축 등의 악순환 구조가 진행될 것이라는 시나리오이다. 특히 인구지형의 변화 중 지역 간 인구비율 불균형 현상은 지역소멸에 의한 지역 간 격차를 더욱 심화시킬 가능성이 높다.

이러한 급격한 인구구조 변화가 교육에도 미치는 영향을 고려할 때, 이에 대한 교육적 대응은 매우 중요하다. 하지만 지금까지 정부는 학령인구 감소 요인에 집중하여 수동적으로 대응해 왔던 것이 사실이다. 이는 지난 이명박, 박근혜 정부의 교육부가 주로 취한 입장으로서 학령인구 감소 현상을 교육의 위협요인으로 보고, 학교 통폐합, 학생정원 축소, 교육재정 감축 등

축소 지향적 접근을 지향했다. 앞서 언급하였듯이, 현재 윤석열 정부도 학령인구가 급격히 감소하고 있기 때문에 유·초·중·고교에 지원하는 지방교육재정교부금의 국세분 교육세 부분을 대학에 돌리는 정책을 발표한 바 있어 매우 염려스러운 상황이다.

인구구조 변화, 즉 인구절벽과 인구지형 변화에 의한 생산가능인구 감소, 생산성 감소, 소비 위축, 일자리 감소, 저성장 가능성 급증, 지역 간 인구불균형 현상이 향후 어두운 사회경제적 변화를 가져올 것이라는 전망이 예견되는 상황에서 학령인구 감소라는 이유만으로 교육 규모 축소와 교육투자 감축이라는 수동적이고 기능적인 관점에서 벗어나 위기 극복을 위한 기회의 요인으로 보는 도전적 관점이 필요하다. 인구구조 변화를 한국교육의 질적 전환 계기로 삼아 국가적으로 어떠한 인재가 필요한지, 그리고 현재의 교육체제나 재정구조는 이러한 인재 양성에 적합한지, 충분한지 등 지금과는 다른 새로운 교육생태계 구축을 위해 본격적으로 고민할 때이다. 교육을 미래 투자로 인식하고, 지속 가능한 국가발전의 필수적인 요인임을 명심해야 한다.

구체적으로 생산연령인구 감소에 따른 저성장 시대를 극복하기 위한 공격적인 대안으로 노동생산성 향상을 위한 미래 교육투자 확대가 절실히 요구되고, 특히 대학에 대한 투자가 더욱 절실해진다. 인구지형 변화를 대비하기 위해 국가균형발전을 위한 교육투자 배분 전략이 정교화될 필요가 있다.

인구구조 변화가 교육에 주는 시사점은 학령인구 감소 현상을 교육의 위기 극복을 위한 도전 요인으로 보고 능동적이고 확대 지향적인 접근으로 전환해야 한다는 점이다. 이를 위해 첫째, 인구구조 변화 현상에 의한 생산연령인구 감소를 극복하기 위해 교육투자 확대를 통한 노동생산력의 질적인 향상을 유도하는 적극적이고 능동적인 접근이 필요하다. 즉 교육투자 확대를 통한 노동생산체제의 질적 개편이 필요하다. 앞서도 언급하였듯이, 생산연령인구가 양적으로 감소하는 인구지형 변화는 저성장과 연계되어 있기 때문에, 이를 극복하기 위한 핵심 전략은 교육 특히 대학에 대한 투자 확대를 통해 인적자본의 질적인 향상을 꾀하고, 이는 곧바로 노동생산성 향상으로 이어져 대학교육이 국가혁신의 핵심 동력으로 작동하도록 해야 한다.

둘째, 지역소멸 위기에 처한 인구지형 변화를 대비하기 위해 국가균형발전을 위한 교육투자 배분 전략이 정교화되어 재설계되어야 한다. 현재 정부가 유·초·중·고에 지원되고 있는 지방교육재정교부금을 일부를 빼앗아 고등교육에 재배정하는 방식이 아니라, 진정 필요한 것은 평등한 출발을 위해 유아 단계부터 초 양극화되지 않도록, 지역 간 격차가 없도록 지역 간, 계층 간 균형발전을 위한 교육투자는 더욱 확대되어야 한다.

셋째, 지금과 같은 대량생산 공장형 학교교육에서의 성적 경쟁체제가 아닌 교육의 새로운 패러다임이 필요하다. 학급당 학생 수가 70~80명 정도인 과거 상황에서 시험을 통해 점수 서열화가 용이하게 작동될 수도 있었지만, 향후 학령인구 감소로 인한 학급당 학생 수가 20명 내외인 상황으로 전환된다면 시험 점수에 의한 학생 서열화 및 학력 경쟁은 엄밀하게 보면 의미가 없어진다. 이는 학교교육의 목표, 교육내용, 교육방법, 교육평가 등이 인구구조 변화 시대에 대처하고, 대전환 시대에 대응하도록 새로운 틀이 개편되어야 함을 시사 받는다. 이와 같은 맥락에서 우리의 대학체제도 대규모 연구중심 대학을 지향하는 관성적 사고에 벗어나, 작지만 강한 소규모 교육중심 대학의 육성을 통해 대학 규모 간 특성화에 근거한 대학균형발전이 필요하다.

동시에 고려할 것은 교육투자의 필요성을 소극적으로 접근한다고 해도 학령인구 감소 현상은 역설적으로 정부가 추가 소요예산 확보의 노력 없이 초·중등교육은 물론 대학교육 및 연구 여건(학생 1인당 교육비, R&D 투자 등)을 OECD 평균 수준으로 진입 가능한 기회의 요인이기도 하다는 점이다.

2 4차 산업혁명과 대학교육

우리 모두 2016년 3월 이세돌과 알파고와의 바둑 대국을 기억한다. 당시 인공지능은 생소한 개념이었고, 세계 최정상급 이세돌 9단이 인공지능인 알파고에게 1승 4패로 질 것이라고는 아무도 예측하지 못했다. 하지만 이세돌 9단이 바둑 대국에서 인공지능에 1승을 한 최초의 인간으로 인류사에 남을 것이다.

2019년 5월 25일 MBC 뉴스 데스크에서 인공지능, AI가 일본 사법고시 1차 시험의 예상문제를 뽑아봤는데 적중률이 60%에 달했다는 일본의 사례를 보도한 적이 있다. AI가 95개 문제 중 60%인 57개를 예측하는 데 성공했는데, 이는 최근 2년간 일본 사법고시 합격선 59점보다 높다는 것이다. 일본의 온라인 강의업체가 개발한 '미래문'이라는 AI는 일본 대입시험에도 도전할 계획이라고 보도된 적이 있다.

3년이 지난 현재 3D 프린팅 건축 기술의 상용화, 드론 배달을 넘어 드론 택시, 식당 서빙 로봇의 보편화, 로봇 활용 돌봄서비스, 메타버스 등 다양한 분야에서 과학기술이 우리 일상에 깊이 함께하고 있다. 그 외 세계 최대의 집단지성 소셜 네트워크인 위키피디아 사전은 제4차 산업혁명을 이끄는 동력으로 블록체인(block chain), 빅데이터(Big Data Statistical Analysis), 인공지능(Artificial Intelligence, AI), 로봇공학(Robot Engineering), 양자암호, 사물 인터넷(Internet of Thing, IoT), 무인 운송 수단(무인 항공기, 자율주행 자동차), 3D 프린팅(3D printing), 연결 및 표시 기술(AR/VR/MR + IoT, Smart City, XR(360도 확장 현실)), 첨단헬스케어(각종 생체정보 관리, 건강관리 기능 제공) 등을 제시하였고, 이들이 서로 융합되면서 이미 인류는 4차 산업혁명 시대에 살고 있다.

특히 최근 대화형 인공지능 서비스인 ChatGPT는 출시 두 달 만에 월 이용자 1억 명을 돌파하면서 전 세계의 이목을 집중시키고 있다. 이미 학생들의 숙제를 대신하도록 사용한다든가, 미국의 경우 벌써 MBA, 변호사 면허 시험, 의사 면허 시험까지 통과했다든가 등으로 연일 다양한 화제가 회자되고 있다. 이제 요리 레시피 찾기, 작곡 및 작사, 그림, 영화 콘텐츠 제작, 법률, 의료, 세무 자문 등 우리 일상생활에 인공지능은 함께 할 것이다. 그리고 향후 짧은 기간에 ChatGPT와 유사한 AI 서비스들이 우후죽순처럼 출현할 것이다. 이에 대한 기대와 우려가 있지만 ChapGPT와 같은 인공지능은 현실 그 자체가 되었다. 문제는 ChatGPT로 인해 우리 학교교육이 받게 되는 충격이다. 말로만 교육내용과 수업 방식, 평가 등을 미래지향적으로 혁신해야 한다고 하고, 기초학력 신장을 위한 국가사회의 노력이 필요하다고 하지만, ChatGPT의 등장으로 당장의 과제가 되었다. 4차 산업혁명 시대가 미래가 아닌 현재임을 보여주는 상황이기도 하다.

4차 산업혁명을 주목하기 시작한 것은 2016년 1월 20~23일 스위스 다보스에서 열린 세계경제포럼(WEF)에서부터이다. 당시 주요 의제가 '4차 산업혁명의 이해(Mastering the Fourth Industrial Revolution)'였고(World Economic Forum, 2016), 그 이후 4차 산업혁명은 일상적인 용어가 되었다. 4차 산업혁명이라는 용어를 동의하든 하지 않든 우리는 이미 과학기술 디지털 혁명 시대에 살고 있고, 앞으로도 이것이 우리 사회에 어떤 영향을 줄지는 누구도 예측하기 어렵다.

다보스 포럼 회장인 클라우스 슈밥(Klaus Schwab)은 4차 산업혁명을 '디지털·물리적·생물학적 영역의 경계가 희석되면서 기술이 융합되는, 인류가 한 번도 경험하지 못한 새로운 시대'로 정의하고, 인간과 기계의 잠재력을 획기적으로 향상시키는 CPS가 4차 산업혁명의 근간이 될 것이라고 하였다(송경진, 2016). 이찬구 외(2017)는 제4차 산업혁명을 기술혁신이 단순한 기술혁신으로 끝나지 않고 산업·경제혁신을 넘어 사회·정책혁신과 상호작용하는 현상으로 정의하고 있다. 그리고 위키피디아 사전(2022.9.

4.)에서는 4차 산업혁명을 상호연결성 및 스마트 자동화의 증가로 인해 21세기의 기술, 산업, 사회적 패턴 및 프로세스의 급격한 변화로 개념화하고 있다. 이처럼 4차 산업혁명에 대한 정의는 보는 관점에 따라 다양하지만, 결국 급격한 과학기술 진화로 인류 사회의 모든 영역이 경계 없이 연결되고 융합되면서 지능화된 새로운 세계 질서 패러다임이 구축되는 현상이라고 할 수 있다.

이러한 맥락에서 한형상·김현(2017)이 4차 산업혁명의 특징으로 '초연결', '초융합', '초지능'을 제시한 것은 설득력이 있다. 그들은 초연결은 사람·사물 등 객체 간의 실시간 데이터 공유가 극대화됨을 의미하며, 초융합은 이러한 데이터 공유를 통해 과거에는 상상할 수 없었던 異種 기술 및 산업 간의 다양한 결합을 통해 새로운 기술·산업이 출현하게 됨을 의미한다고 보고 있다. 또한, 초연결·초융합 환경에서 극대화된 객체 간 실시간 데이터 공유는 지식기반 서비스 활동이 확장됨을 시사하며, 보다 향상된 서비스의 창출 및 제공을 위하여 최적 의사결정, 즉 초지능 기술이 요구된다는 점을 강조하고 있다.

실제로 우리는 현재 초연결사회(hyper-connected society)에 살고 있다. 초연결이라는 말은 2008년 미국의 IT 컨설팅 회사 가트너 그룹(The Gartner Group)이 향후 초연결 기업(hyper connected enterprise)에서는 수십, 수백 명의 사람과 당사자가 회사의 방향, 서비스, 제품 및 평판에 영향을 미칠 수 있는 힘을 갖게 된다는 기업의 새로운 물결을 촉진하면서 처음 사용하였다(Morello, 2008). 그 이후 가트너 그룹은 코로나 팬데믹으로 인해 재택근무와 공공보건 서비스의 취약성을 극복하고, 커뮤니티 회복력을 강화하기 위해 초자동화 원칙을 기반으로 하는 초연결 공공 서비스(hyper connected public services)의 중요성을 강조하고 있다(Fabular & Mickoleit, 2021). 초연결 체제를 기업뿐만 아니라 정부에도 적용해야 한다는 것이다.

이제는 초연결은 일반적인 용어로 사용되고 있고, 우리는 인간과 인간, 인간과 사물, 사물과 사물 등 모든 사물이 마치 거미줄처럼 촘촘하게 사람과 연결된 초연결사회에 살고 있다. 초연결사회는 사물 인터넷(IoT : internet of things)을 기반으로 구현되며, SNS(소셜 네트워킹 서비스), 증강현실(AR) 같은 서비스로 이어진다. 이러한 과학 기술적 관점에서의 초연결성이 개인과 개인 간, 개인과 조직간, 조직과 조직간, 국가와 국가 간으로 연결되어 있어 매우 복잡한 생태계를 구축하는 중요한 요인으로 작용하고 있고, 이것이 향후 인류 사회의 변화에 어떠한 영향을 미칠지는 누구도 예측하기 어렵다.

초융합도 바이오·나노·에너지·신소재·인공지능·빅데이터 등 과학기술의 융·복합화 현상을 중심으로 가히 혁명적으로 진행되고 있다. 다양한 여러 분야의 핵심 기술이 혁신적으로 진화하면서 응용 분야와 연계하여 다양한 기술융합이 이루어지고 있다. 이는 핀테크, 빅테크 기업 등 협업에 의한 새로운 생산물과 서비스를 창출하는 사례에서 찾아볼 수 있다. 이미 IT 기술에 금융을 접목한 새로운 유형의 금융서비스를 제공하는 핀테크(Fintech) 기업이나 인터넷 플랫폼을 기반으로 한 거대 정보기술 기업, 즉 구글, 페이스북, 아마존, 카카오, 네이버 등 빅테크 기업은 우리 일상에서 없어서는 않되는 서비스를 제공하고 있다. 그리고 빅테크 기업은 이미 자율주행차, 헬스케어 분야까지 확장하고 있다. 기업과 기술이 만나면서 그들의 비즈니스 영역이 실물시장은 물론 가상공간의 영역까지 확대되면서 초융복합화 현상은 더욱 가속화 될 것이다.

인간을 넘어서 초인공지능을 의미하는 초지능(superintelligence)이 현실적으로 실현될지 여부는 여전히 신중하다. 하지만 사물인터넷과 클라우드, 빅데이터, 모바일 등의 네트워크로 데이터의 수집, 저장, 분석, 활용 과정이 원활하게 이뤄지는 시대인 만큼, 인공지능(AI)과 머신러닝 등과 함께 초지능사회로 발전하는 것은 시간 문제이다. 이제 사물과 사물끼리 상호작용을 하는 과정에서 사물이 스스로 판단하고 통제하고 학습해 개선할 수 있는 초지능 능력까지 갖추게 될 것이다.

이와 같이 AI, 로봇 등 과학기술의 초연결, 초융합, 초지능 수준이 갈수록 진화되고 있고, 온라인 세계의 영향력은 갈수록 커지고 있다. 우리나라는 반도체와 인터넷 통신망 보급 부문에서는 세계 최고이지만, 소프트웨어 분야는 여전히 크게 못 미치고, AI 원천기술 개발은 선진국에 의존하고 있는 상황은 우리가 극복해야 할 중장기적인 과제이다.

초연결, 초융합, 초지능으로 특징지어지는 제4차 산업혁명의 시대를 논의하면서 지금까지는 주로 혁명적인 과학기술혁신이 경제산업구조 변화, 사회변화에 어떠한 영향을 줄 것인지에 주목하고 있다. 과학기술 디지털의 혁명적 진화는 기존의 제조업의 규모와 운영 방식 등의 산업구조와 경제체제를 급속히 전환시키고, 그에 따른 개인 삶의 라이프스타일도 급격한 변화가 있어날 것은 분명하다.

우선 4차 산업혁명의 가장 큰 특징인 과학기술 디지털 혁신은 기존 산업과 융합하면서 산업 간 경계를 허물고 산업구조 전반에 걸쳐 대변혁을 예견하고 있다. 소프트웨어 회사의 상징인 구글은 자율주행 자동차를 만들고 있고, 전통 제조업체의 상징인 GE는 소프트웨어 기업이 될 것을 선언한 바 있으며, 소비자 경험과 데이터 중심의 서비스를 앞세운 개인 맞춤 생산기반의 온디맨드(on-demand) 경제가 가속화(한형상·김현, 2017)하고 있는 등 이미 산업간 영역의 경계 붕괴는 일어나고 있다. 그리고 4차 산업혁명의 확산은 고숙련 노동자 수요 증가, 근무방식, 고용 및 근무 형태 등에서도 큰 변화가 일어나고 있다. 작업공정의 자동화 및 지능화로 스마트공장이 확대됨에 따라 저숙련 노동자보다는 IT, 빅데이터 등의 분석과 활용에 능숙한 고숙련 노동력에 대한 수요가 증가할 것이고, 코로나 19 이후 플랫폼을 바탕으로 하는 플랫폼 노동자의 증가로 정규직과 비정규직의 구분이 모호해지는 고용구조로 개편할 것이며, 근로 형태로 재택 근로, 온라인 근로,

원격근로 등 다양한 형태로 전환될 것이다.

따라서 4차 산업혁명으로 제기되는 가장 큰 쟁점은 일자리 증감의 문제이다. 세계경제포럼(WEF)은 4차 산업혁명으로 인한 일자리 증감에 대해 상반된 전망을 하고 있는 것이 특이하다. 세계경제포럼이 2016년에 발표한 '직업의 미래(The future of Jobs)' 보고서는 과학기술의 발전으로 관리행정직, 제조업, 건설업 등의 분야는 716만 개 일자리가 감소하는 반면에, 경영재무 분야, 관리 분야, 컴퓨터 분야 등은 202만 개 일자리가 새로 생겨, 결국 514만 개 일자리가 사라질 것으로 전망한 바 있다(WEF, 2016, p.15). 하지만 세계경제포럼이 2018년에 발표한 '직업의 미래(2018)' 보고서에는 2018년 기준으로 로봇 기계가 인간의 일자리를 대체한 비율은 29%이고, 2022년에는 그 비율이 42%까지 증가하지만, 2022년까지 로봇 기계, 인공지능 등 관련 분야 일자리가 전 세계에 1억 3,300만 개 새로 생기며, 로봇 기계 등으로 대체되는 일자리는 7,500만 개 정도라는 새로운 긍정적인 전망을 함으로써 2016년과는 엇갈린 전망을 하고 있다(WEF, 2018, p.ⅷ). 그만큼 4차 산업혁명의 진화에 따른 일자리 문제는 예측하기 쉽지 않은 것이 사실이다.

단기적으로는 자동화, 로봇, 인공지능, 알고리즘의 등장으로 저숙련 일자리가 대체되고 일자리가 감소할 것으로 예상한다. 하지만 4차 산업혁명은 새로운 산업과 직무를 창출하고 새로운 비즈니스 개발 기회를 제공할 뿐만 아니라, 생산성을 증가시키고 기업의 수익성을 증가시켜 일자리를 창출할 가능성도 크다(유진성, 2021). 4차 산업혁명이 향후 인간의 일자리를 빼앗아 갈 것인지, 반대로 일자리를 증가시킬 것인지는 누구도 예단하기 어렵다.

한편 4차 산업혁명의 진화가 경제적인 측면에서 어떠한 영향을 줄 것인지에 대해서도 전망이 분분하다. 4차 산업혁명 시대의 도래로 디지털 경제, 데이터 경제, 스마트 경제, 플랫폼 경제 등 다양한 경제 패러다임의 변화를 의미하는 용어가 사용되고 있다. 물론 현재는 코로나 팬데믹, 러시아-우크라이나 전쟁, 미-중 갈등 심화 등으로 인해 글로벌 공급망 교란과 글로벌 인플레이션, 글로벌 양극화 심화, 글로벌 저성장 등 세계 경제는 초불확실성 그 자체 상황에 놓여있다. 하지만 경제 패러다임은 긍정적이든 부정적이든 급격히 전환되고 있다.

이를테면, 디지털 경제(digital economy)는 전통적인 오프라인 경제 활동(생산, 유통, 무역)이 인터넷, 월드 와이드 웹 및 블록체인 기술을 통해 사람, 조직(기업, 교육 기관, 비영리) 및 분산 컴퓨팅 장치(서버, 랩톱, 스마트폰 등) 간의 이루어지는 모든 경제 활동을 의미하고, 이는 인터넷 경제, 웹 경제, 뉴 이코노미라는 용어와 혼용되고 사용되고 있다(Wikipedia, 검색일 2022.8.25.). Jacobides, Sundararajan, & Alstyne(2019)의 분석에 따르면, 2025년 글로벌 디지털플랫폼 매출액이 약 60조 달러(약 7경 2,000조 원) 규모로 성장하며 글로벌 전체 기업 매출의 30%가 플랫폼 비즈니스를 통해 이뤄질 것이라 전망할 정도로 경제생태계 변화의 주축이 되고 있다. 데이터 경제(data economy)는 2011년 데이비드 뉴맨이 가트너 보고서인 'How to Plan, Participate and Prosper in the Data Economy'에서 데이터 경제라는 단어를 처음으로 사용하였고 빅데이터, 오픈 데이터, 연결 데이터 등 데이터로 파생되는 경제로 정의하고, Data, Network, AI 기반으로 혁신과 역동성이 확산되는 디지털 중심지로서 글로벌 메가트렌드를 주도하는 나라가 국가 및 경제를 선도할 것으로 전망하였다(박성욱, 2020). 기존의 생산, 유통, 교육 및 무역 과정을 통해 실물경제 활동 중심의 경제체제에서 무형의 디지털, 데이터, 플랫폼 등을 통해 생산적인 경제활동이 확대되는 경제체제로 전환되고 있는 것이다.

따라서 4차 산업혁명의 확산은 기존과는 다른 새로운 산업생태계가 탄생되고, 그것을 통한 새로운 신성장 동력 확보와 산업생태계 재구축으로 재벌 위주의 경제구조를 동반성장 경제체제로의 전환과 같은 긍정적 전망이 있는 반면에, 일자리의 감소와 계층 간 격차 증대 등으로 사회경제적 불평등과 양극화를 심화시킬 가능성과 같은 비관적 전망이 공존하고 있다.

지금까지는 우리 사회에서의 주된 관심은 제4차 산업혁명 대비 신성장 산업구조 개편, 일자리 창출 등 주로 경제적 의제 발굴에 깊은 관심이 있는 것이 사실이다. 그리고 4차 산업혁명 시대에는 무형의 디지털, 플랫폼, 데이터, 인공지능, 로봇 등이 핵심 성장 동력으로 작용한다면 당연히 관련 분야의 인재가 필요하다. 하지만 4차 산업혁명 관련 산업 및 경제 분야가 새롭게 생성되고 소멸되는 주기가 결코 길지 않을 가능성이 높다. 인간과는 다른 방식으로 지각·사고하는 비인간형 인공지능, 자율주행 자동차, 드론, 빅데이터 등 새로운 지식정보체제가 향후 산업 및 경제생태계를 어떤 모습으로 변화시킬지, 그리고 우리의 삶을 어떻게 변화시킬지는 어느 누구도 예측하기 힘든 상황이기 때문이다.

분명한 것은 인간이 새로운 시대에 적응하고 새로운 시대를 이끌어 가기 위해 그리고 새로운 사회체제를 재구성하기 위해서는 교육이 무엇보다도 중요하다는 사실이다. 특히 미래 사회는 제조업 중심의 자원생산 접근 방식보다는 지식, 디지털 정보, 빅데이터, 플랫폼 등 비물질적 생산접근 방식이 지배할 것이고, 인간에게는 그에 걸맞은 첨단기술(high-tech) 능력이 요구되기 때문에 대학교육의 중요성은 더욱 부각될 전망이다. 하지만 보다 중요한 것은 4차 산업혁명 관련 산업 수요에 맞는 인재 양성이라는 수동적 접근보다는 새로운 일자리를 설계하고 창출할 수 있는 미래형 인재를 전략적으로 어떻게 양성하느냐 하는 것이다. 물론 4차 산업혁명의 영향으로 실업 증가와 고용의 불안정성을 최소화하기 위해서는 직업훈련 및 재교육체제를 재구조화하고 교육내용도 재설계하는 방안도 함께 모색되어야 할 것이다.

따라서 4차 산업혁명 시대가 대학교육에 주는 시사점은 첫째, 시대 흐름을 이끌어 가는 새로운 인재상, 즉 인문학(Humanities)과 예술(Arts) 그리고 과학·기술·공학·수학(STEM)을 아우르는 융합형 인재상 설계, 새로운 학력관, 그리고 새로운 창의 혁신 역량 등에 대한 새로운 교육적 접근이 필요하다는 점이다. 교과서 내용 암기와 필기시험 중심의 기초학력관은 더 이상 유효하지 않다. 교육계가 진정 고민해야 부분이 융합형·협업형 인재상을 설정하고, 그에 맞는 역량을 중심으로 새로운 학력관을 재설계해야 한다. 앞으로 비인간형 인공지능과 함께 살아가야 하는 포스트휴먼시대의 인간은 주어진 문제를 해결하는 능력뿐만 아니라 새로운 가치와 질서를 창조해 내는 이른바 집단지성이 작동하는 협업과 융합을 통한 21세기 집단 역량이 필요하기 때문이다.

둘째, 새로운 인재관과 학력관과 연계되겠지만, 학과 및 학부 운영체제 및 그에 따른 교육과정, 교수학습, 교육평가 패러다임을 재설계해야 한다. 지금까지 정부가 주도하는 산학협력 및 사회수요 선도대학 사업 등을 통해 대학마다 새로운 학과와 전공이 설치되고, 졸업생의 취업률과 전공 불일치 문제를 근거로 대학마다 구조조정을 시도하며 학과 통폐합이 진행되어 왔다. 특히 산업 수요에 맞는 인재 양성이라는 미명하에 대학마다 현재 노동 시장에서 취업에 유리한 학과 및 전공 분야를 집중적으로 지원했던 것도 사실이다. 정부와 사회, 대학이 취업률에만 집중한다면 노동 시장의 구조적인 문제로 취업이 쉽지 않은 지방 소재 대학과 기초학문 중심의 학과 통폐합은 갈수록 심각해질 것이다. 이러한 인식으로 향후에도 대학이 4차 산업혁명 관련 학과에만 집중적으로 지원하게 된다면 학문발전의 불균형 현상은 당연히 발생할 것이다. 대학이 학생들의 취업을 위해 노력하는 수단적 기능을 수행하는 것은 현실적으로 당연하지만, 대학의 본질적 기능인 교육을 통한 새로운 인재 양성과 연구를 통한 새로운 지식과 가치, 질서를 창조해 내는 지식과 가치생산기구로서의 역할은 더 중요하다. 앞서 언급하였듯이, 4차 산업혁명 관련 산업 및 경제 분야의 생성과 소멸 주기가 결코 길지 않을 가능성이 크기 때문에, 그들의 수요에 따라 학과가 신증설 된다면 교육투자의 장기적 특성을 고려할 때 추후 부작용도 발생할 여지가 많다. 따라서 현재 대학마다 운영하고 있는 자율전공학부, 창의융합학부, 학부대학, 자유대학 등의 역할과 기능을 강화시킬 필요가 있다. 이들은 지금까지는 학과 통·폐합 과정을 수습하기 위한 목적으로 활용되는 경우가 많았지만, 21세기 집단지성이 작동하는 융합형·협업형 인재와 집단 역량을 강화시키기 위해서는 전공을 벽을 넘어서는 연계형 학부체제가 필요하다고 본다.

셋째, 4차 산업혁명 시대 대학도 과학기술 기반 학습생태계로 대전환해야 한다는 시사점을 받는다. 교수와 학생이 같은 교실 공간에서 지식을 전달하고 암기하고 시험을 통해 학점을 이수하는 방식은 서로의 만남을 통해 공감과 사고의 공유를 한다는 측면에서 여전히 유효하다. 하지만 그것만으로 충분하지 않은 학습생태계가 조성되어 있기 때문이다. 요즘 학생들은 지식을 습득하는 인지구조가 달라졌고 각자의 방식으로 학습하는 태도 변화도 일어나고 있다. 코로나 팬데믹 이후 온라인교육에 익숙해진 학생들은 대면 수업에서도 교과서와 필기도구보다는 노트북과 태블릿 PC를 활용하는 것에 익숙하다. 따라서 교육에 ICT 기술을 접목해 데이터와 소프트웨어 기반의 개별 학습자 분석과 의사소통, 정보관리를 용이하게 하여 학습 역량을 강화시키는 디지털 전환 학습생태계를 하루빨리 조성해야 한다. 이미 정보통신기술에 힘입어 인류는 전자 학습(electronic learning, e-learning), 유비쿼터스 학습(ubiquitous learning), 온라인 학습(online learning), 인공지능 기반 학습, 개방형 데이터 기반 학습, 온라인 실험실의 도입 등 시간과 장소의 제한 없이 각자의 방식으로 학습하는 시대에 들어섰다. 범정부 차원에서 맞춤형 학습을 위한 AI 플랫폼 시스템을 마련해 주고, 대학마다 이 시스템을 대학의 여건과 학생들의 특성에 맞게 창의적으로 활용할 수 있도록 디지털 기반 학습생태계를 시급히 마련해야 한다.

마지막으로 과학기술 혁신이 신성장 동력이고, 그에 따른 국가마다 연구개발 역량이 국가혁신의 중심 축이라고 한다면, 바로 대학의 역량이 국가혁신의 핵심 동력이기 때문에 대학에 대한 과감한 투자가 요구된다. 무엇보다도 우리 사회가 당면하고 있는 인구절벽에 의한 생산연령인구의 양적인 감소는 저성장의 가능성이 예견되기 때문에, 생산연령인구의 질적인 향상을 통한 지속 가능한 발전을 위해서는 교육투자는 최우선적인 미래 투자임은 자명하다. 하지만 우리 사회는 학령인구 감소라는 이유만으로 대학 통·폐합이라는 축소지향적 접근에 매몰되어 있다. 물론 비효율적이고 비교육적인 대학에 대한 교육적·사회적 조치는 필요하다. 그럼에도 불구하고, 4차 산업혁명이라는 시대 격변기에 대한 대비책 마련과 인구절벽에 의한 지속 가능한 발전의 위기 극복을 위한 공격적인 대책의 핵심은 대학에 대한 투자 확대이다.

앞서도 살펴보았듯이, 한국의 국내총생산(GDP) 규모는 OECD 국가 평균에 비해 높고 세계 10위권에 이르고 있지만, 그에 걸맞은 대학투자는 이루어지고 있지 않다. 2019년 기준으로 우리나라의 국내총생산(GDP) 대비 고등교육 공교육비 중 정부재원 비율은 0.6%로 OECD 평균(0.9%)보다 낮았고, 반면에 민간재원 비율은 0.9%로 OECD 평균(0.4%)보다 높았다. 그 결과 한국 대학생 1인당 공교육비 수준은 $11,287(2019년 기준)로서 세계 27위권이다. 국가의 경제 규모에 걸맞은 고등교육투자가 이루어지지 않고 있는 셈이다. 2019년 기준으로 교육부의 고등교육예산 규모는 10조 1,510억이었다. 정부의 고등교육재정을 OECD 평균인 GDP 대비 1.1% 수준(2019년 기준)으로 확보할 경우 고등교육에 대한 국고지원 총량 규모는 19.6조 원이기 때문에, 고등교육예산 약 10조 원의 추가 확보가 가능하다. 세계 10위권의 경제 규모인 한국이 최소한 OECD 평균의 고등교육 투자 규모인 19.6조 원을 확보하는 일이 이제는 불가능한 일이 아니다. 정부의 의지와 결단이 중요하다. 고등교육투자가 대학발전의 필수조건이고, 미래 새로운 생산가치 창출을 위한 최우선적 투자임을 간과해서는 안된다.

4차 산업혁명으로 불리는 과학기술의 급진적인 발전이 우리 인간의 삶의 질을 급격하게 향상시킬 것이라는 긍정적인 전망과 AI, 로봇, 드론 등에 의해 우리 인간이 지배당하고, 일자리 감소, 디지털 격차(digital divided) 등 양극화를 더욱 촉진시키는 위기적 상황을 맞이할 것이라는 부정적인 전망도 함께 하고 있다. 위기이든 기회이든 제4차 산업혁명이 위기가 될 것인지, 기회가 될 것인지는 우리의 몫이다. 기회의 요인으로 전환하기 위한 국가적 전략의 핵심은 바로 고등교육의 새로운 패러다임을 재설계하는 것이고 이를 위한 국가의 우선적인 투자 노력이 선행되어야 함을 다시금 강조하고자 한다.

3 공유·연대 사회와 대학교육

지난날 신자유주의 교육개혁 패러다임에 의한 각자도생의 경쟁교육이 가져다준 교육양극화 문제는 현재 우리가 살고 있는 대전환 시대에도 여전히 극복해야 할 과제이다. 지난 2022년 8월 16일 빌 게이츠가 대한민국 국회 연설에서 "코로나 팬데믹을 통해 국제사회가 얻은 교훈은 우리 모두가 깊이 연결돼 있기 때문에, 공조와 연대 정신의 필요성(연합뉴스, 2022.08.16)"을 강조한 부분을 주목할 필요가 있다. 이미 우리는 지난 2008년 글로벌 금융위기와 2011년 글로벌 재정위기 등 세계 경제침체를 경험하면서 초국가적 협력은 선택이 아닌 필수 사항임을 알게 되었고, 그리고 2019년 이후 전 세계를 점령한 코로나 팬데믹으로 국제사회가 방역과 백신 보급을 위한 협력적 노력이 없으면 생존할 수 없는 시대임을 알게 되었다. 연결, 네트워크, 협력, 협동, 연대라는 키워드가 인간 사회를 유지하는데 필수적인 단어가 된 셈이다.

지난 2008년 이후 세계 경제침체를 경험하면서 공유경제라는 새로운 체제로의 전환이 발 빠르게 진행되고 있었다. 제러미 리프킨(Jeremy Rifkin)은 이미 그의 저서 '소유의 종말(The Age of Access, 2001)'을 통해서 정보혁명으로 인해 소유 중심의 산업 자본주의는 상품화된 문화체험에의 접속을 중시하는 초자본주의(hyper-capitalism), 즉 접속의 시대(The Age of Access)로 변할 것으로 예언했었다. 사람들은 더 이상 소유하지 않고 임시적으로 접속(access)하려고 하기 때문에 기존의 공급과 소비의 행태가 변하고, 소유권의 시대는 가고 접속의 시대가 오리라는 것이다. 아직 진정한 의미에서 소유의 종말 시대는 오지 않았지만, 접속을 통한 상품 및 서비스 구매와 만족을 얻는 시대가 된 것은 맞다. 이를테면, 영화나 음악 CD를 구매하던 옛날과는 다르게 넷플릭스 접속을 통해 영화, 드라마, 만화 등 영상 콘텐츠를 감상할 수 있고, 스포티파이(spotify) 접속을 통해 다양한 음악을 들을 수 있는 디지털 콘텐츠의 생산과 소비 형태가 소유가 아닌 접속으로 이루어지고 있다.

물건을 소유하던 자본주의 시대에서 접속의 시대를 예언했던 제러미 리프킨은 그 이후 그의 저서 '한계비용 제로 사회(2014)'를 통해 접속의 시대를 넘어 공유·협력사회의 도래를 예견하였다. 특히 그는 사물 인터넷의 등장으로 더욱 빠르게 재화와 서비스가 공유하게 되면 시장 자본주의를 넘어 새로운 경제 패러다임, 즉 협력적 공유사회(Collaborative Commons)가 등장할 것이라고 예견하였다. 현재 협력과 공유에 기반한 새로운 경제 패러다임(네트워크 경제, 연결경제, 호혜 경제, 플랫폼 경제)으로의 전환은 자발적 자율이 일상화된 민주주의 토양에서 자리매김되고 있다.

제러미 리프킨이 강조한 협력적 공유사회, 공유경제의 대표적인 사례가 우버(Uber), 리프트(Lyft), 에어비앤비(AirBnb), 스냅(Snap) 등 오늘날 혁신기업들이다. 그들은 유비쿼터스와 모바일 인터넷, 인공지능과 기계학습을 통해 기존의 틀을 깨고 새로운 가치를 창출하고 있다. 과학기술 영역의 경계를 넘나들며 탄생한 새로운 파괴적 혁신의 결과이다. 우리의 경우에도 코로나 팬데믹으로 더욱 확산된 계기가 되었지만, 4차 산업혁명에 기반한 플랫폼 경제체제는 일반화되고 있다. 이를테면, 비대면 사회가 확산됨에 따라 '음식 - 배달앱', '운송 - 차량호출앱', '유통 - 온라인배송업체'와 같이 자영업의 플랫폼 경제는 공유 경제체제의 일환으로 읽혀진다.

물론 공유경제, 플랫폼 경제가 지니는 역기능도 존재한다. 플랫폼의 독과점적 지위의 남용이 공유 및 상생 경제생태계를 파괴할 가능성도 있지만, 그럼에도 불구하고 공유와 연대를 통한 경제 패러다임은 상생의 가치를 실현한다는 차원에서 더욱 확산될 것으로 본다.

이와 같이 현대 사회와 경제가 상호 협동 및 연대체제로 전환되면서 교육 분야에서도 '자율적 인간' 양성이 기초가 되면서, 동시에 '집단창의성', '상호협업능력', '소통능력' 등이 강조되는 공유 교육철학(shared philosophy in education)의 중요성이 부각되고 있다. 그리고 협동 및 연대사회에 걸맞은 교육체제의 대전환으로 새로운 성장 잠재력을 구축하는 것은 시대적 과제이기도 하다. 실제 OECD도 미래 인재가 갖추어야 할 핵심역량으로 창의력, 소통능력, 협업능력 등을 제시하였고, 그중 협업능력은 개인 차원뿐만 아니라 조직 차원에서도 구성원의 자아실현과 공동체의 행복 증진을 위한 필수적인 요소임을 주목하면서 2015년 학업성취도 국제비교(PISA)에서부터 '협력적 문제해결력(collaborative problem solving competency)'이 혁신적 영역으로 채택되면서 협력이라는 요소를 추가하였다(OECD, 2017).

그 결과, 최근 PISA 2018 보고서(최인선 외, 2021)는 우리 학생들의 수학(1~4위), 과학(3~5위), 읽기(2~7위) 성취도는 여전히 교육 강국의 면모를 과시하고 있었지만, 우리나라는 교육맥락 변인 중 협동 분위기가 성취도에 부정적 영향을 미쳤다고 보고한 바 있다. 이는 우리나라 학생들이 학업성취도를 높이는데 협동 및 협력적 학습보다는 개인 중심의 학습 위주로 진행되고 있는 것으로 해석된다. 우리나라의 경우 사회와 경제가 상호 협동 및 연대체제로 점진적으로 전환되고 있지만, 교육영역은 여전히 협력체제가 작동되지 않고 오히려 학업성취도 향상에는 부정적 요인으로 인식하는 경향이 있음은 문제점이자 도전과제이기도 하다.

따라서 공유·연대사회가 대학교육에 주는 시사점은 첫째, 대학교육이 창의적이고 자율적인 개인의 능력과 더불어 상호 협력을 통해 문제해결을 할 수 있는 다원적 능력을 갖춘 인재 육성에 기본 목적으로 두어야 한다는 점이다. 하지만 우리나라 기업들이 대학에서 A 학점을 남발하는 학점 인플레이션 현상에 대한 문제점을 지적했다는 이유로 대학들은 각자도생의 학점 경쟁을 유도하는 상대평가를 강화하고 있다. 인간의 능력이나 교육의 성과를 필기시험 중심의 성적으로 평가하려는 것이 과연 교육적이냐 하는 근본적인 질문도 제기되지만, 무엇보다도 국제사회에서도 향후 협력적 문제해결능력의 필요성을 강조하는 상황에서 상대평가 위주의 성적 경쟁을 유도하는 것은 시대적으로도 뒤처진 발상이다. 공유·연대 사회에서 요구하는 협력적 문제해결능력을 고려한 교수학습방법과 평가 패러다임의 혁신적인 변화가 대학가에 자발적으로 확산할 필요가 있다.

둘째, 새로운 교육패러다임 모색을 통해 교육의 성장 잠재력을 구축해야 하고, 이를 통해 개인과 사회, 국가발전이 상생 발전하는 '공유성장 인프라'를 마련하는 것은 국가적 의제가 되었다. 이는 현재의 지식전달 중심의 공장형 교육체제의 대대적인 수술을 의미한다. 특히 대학체제는 지금과는 다른 새로운 모습으로 거듭나는 혁명적인 대학체제의 대전환이 요구된다. 지난날 교육의 경쟁과 수월성 지향의 지난 신자유주의 정책이 대학 간 경쟁 구도를 강화시켜 대학을 상업화, 사업화, 기능적 도구화로 전락시켰고, 그 결과 대학의 서열구조는 더욱 고착화되었음을 다시한번 상기해 보자. 그 결과, 지금까지 대학은 경쟁 중심의 시장 논리가 지배하고, 취업만을 위한 도구적 장치로 인식하는 경향이 강하다. 대학의 고유 기능인 교육과 연구, 사회봉사를 통해 비판적 사고, 지식과 가치 생산 기능, 자유롭고 평등한 학문공동체로서의 역할 중요성은 축소되었다. 고등교육 경쟁력이라는 미명하에 개발 대학 간의 경쟁만을 중시하며 몰아갔던 지금까지의 대학체제는 공유·연대사회에는 더 이상 유효한 체제가 아니다. 이제는 우리 교육을 지배해 온 개인 간·학교 간 경쟁체제에서 네트워크 및 협력체제로 전환하여 함께 성장하는 공유성장형 교육체제를 구축하는 것이 필요하다. 우리의 고질적 문제인 교육양극화와 학교서열구조, 학력 학벌 구조를 해소함으로써 학생들이 포기와 절망, 좌절이 아닌 자신만의 역량과 잠재력을 교육공간으로 거듭나기 위해서는 대학체제의 재설계가 필요하다. 공유성장하는 대학연합체제로 대전환해야 한다. 대학 간 물적·인적 자원 공유와 연계를 통한 교육과 연구 역량의 상생 성장과 이를 통해 대학 학위의 사회적 공신력을 확보함으로써 개별 대학의 경쟁력이 아닌 대학체제의 경쟁력 강화를 지향하는 공유성장체제로 전해야 한다. 이러한 고등교육시스템을 통해 이제는 창의적이고 자율적인 개인의 능력과 동시에 집단창의성, 상호 협업능력, 소통능력 등을 통해 협력적 문제해결을 할 수 있는 다원적 능력을 갖춘 21세기형 인재를 양성해야 한다. 대학 간 협력 및 연합체제는 시대적 흐름인 4차 산업혁명, 공유·연대 사회에 걸맞은 개혁 패러다임을 설계하는 작업을 깊이 고민할 필요가 있다. 이와 관련된 내용은 V장에서 자세히 다루고자 한다.

셋째, 국제사회와의 공조를 통해 대학의 연계·협력체제를 모색해야 한다. 한국의 경제 규모는 세계 10위권이라고 하지만, 고등교육의 경쟁력은 후 순위임은 이미 알려진 사실이다. 하지만 우리는 여전히 우물 안 개구리형 고등교육경쟁력과 순위에 큰 의미를 부여하고 있다. 이제는 대학도 글로벌 변혁 과정과 함께 변화해야 한다. 대학의 역할은 오늘날 세계가 직면한 도전과제를 해결하고, 더 나은 세상을 건설하는 데 기여할 수 있는 영향력 있는 지식과 가치의 생산기제이기 때문이다. 우리의 대학이 국제사회의 고등교육기관과 함께 연계·협력하는 방안을 모색하고 국가적 관심과 지원이 필요하다[2].

---

2) GUNi(Global University Network for Innovation) 시스템이 활용할 수 있는 사례임. GUNi는 고등교육정책 관련 싱크 탱크로서 현재 고등교육기관, 유네스코 의장 및 연구센터를 포함하여 85개국에서 268명의 회원으로 구성된 고등교육 국제 네트워크임. GUNi는 유네스코가 개최한 최초의 유네스코 세계고등교육컨퍼런스 이후 1999년에 설립되었

4 포스트코로나·뉴노멀사회와 대학교육

2019년 이후 코로나팬데믹이 세계를 지배한 이후 우리는 커다란 역사의 변곡점에서 혼합 위기(hybrid crisis)를 경험하고 있다. 세계 질서와 인간 개개인의 라이프스타일이 급격히 변화되었다. 코로나 19의 세계적 대유행을 끝낼 백신이 개발되면, 집단면역이 생기면 자연히 일상생활로 돌아갈 수 있다는 희망을 품고 있지만, 지금도 변종 코로나, 혼합 코로나 감염병 확산 등 전염병에 의한 건강위기 상황은 희망만큼 쉽게 멈출 것 같지 않다. 실제로 2023년 3월 9일 기준으로 전 세계 코로나 감염자는 6억 7,637만 명에 이르고 있고, 그중 사망자는 688만 명을 넘어서고 있다(〈표 Ⅲ-1〉 참조).

〈표 Ⅲ-1〉 전 세계 코로나 감염자, 사망자, 백신 접종자 현황 (2023년 3월 9일 기준)

(단위: 명)

구분	확진자	사망자	백신 접종자
누적 사례 수	676,365,845	6,879,826	13,338,614,307
최근 28일 동안 사례 수	4,157,361	29,404	97,088,249

주 : 누적 사례 수는 2020년 1월 22일부터 2023년 3월 9일까지 누적된 결과임.

출처 : Coronavirus Resource Center, Johns Hopkins University & Medicine (https://coronavirus.jhu.edu/map.html)

현재 4차 백신까지 이루어지는 상황에서 백신 접종한 사례 수가 133억 명에 이르지만, 사망자가 688만 명을 넘어서고 있어 전염병의 공포는 여전히 끝나지 않은 상황이다. 그리고 우리 인류는 2002년 사스(SARS), 2009

고, 유네스코와 2014년부터 사무국과 의장직을 맡고 있는 ACUP(카탈루냐 공립 대학 협회)의 지원을 받고 있음. 한국은 서울대가 유일하게 회원으로 활동하고 있음.

년 신종플루, 2012년 메르스(MERS), 2014년 에볼라(Ebola) 등 2, 3년 주기로 끊임없는 전염병에 시달리고 있다. 코로나바이러스 등 모든 전염병은 이제 천연두처럼 백신으로 종식될 수 있는 질병이 아니라 영원히 인류와 함께할 질병이 될 것이라는 전망이 지배적이다.

2019년 코로나 19사태로 우리 학교교육이 얼마나 힘들었는지 기억할 것이다. 코로나 19에 대한 공포로 온라인 개학, 순차적 등교 수업 등을 단행하였고, 학교에 원격수업을 위한 환경을 만드는 데 집중하였다. 코로나 19 확산 초기부터 2020년 한 해 교육 분야에서의 코로나 19 대응 과정과 평가를 수록한 '2020 교육 분야 코로나 19 대응'(교육부, 2021a)에 그 어려운 상황들이 잘 정리되어 있다. 교육부는 코로나 19 첫 환자 발생 이후 기간 (2020.1.20. ~ 2020.8.22.), 사회적 거리 두기 2단계 격상 이후 기간 (2020.8.23. ~ 2020.11.18.), 수도권 사회적 거리 두기 1.5단계 격상 이후 기간 (2020.11.19. ~ 2020.12.15.) 등 3단계로 구분하여 코로나 19 대비 교육 분야의 대응 조치를 취하였다. 유·초중고와 마찬가지로 대학에서도 코로나 19에 따른 정상적인 대면 수업이 불가해짐에 따라 탄력적인 학사 운영, 개강연기 및 학사일정 감축 권고, 자가격리자와 입국 지연자에 대한 출석 인정 권고, 원격수업 활용, 수업결손 대체방안, 외국인 유학생 입국 관리 등의 조치를 취했다. 하지만 지금도 대학생들은 원격교육 확대에 따른 등록금 반환의 목소리가 큰 것도 사실이다.

시간이 지남에 따라 어느 정도 수업 인프라와 플랫폼은 안정됐지만, 비대면 수업 모델 및 콘텐츠 개발, 인공지능(AI), 가상현실(VR), 빅데이터, 사물인터넷 등 디지털 기술 활용 교육서비스 환경, 디지털 교육의 접근성, 디지털 문해력(Digital Literacy)과 역량, 그에 따른 학습격차, 가족 돌봄 등의 양극화 문제와 같은 기존 우리가 경험하지 못한 교육현장의 변화와 혼란은 대전환 시대, 뉴노멀 사회의 한 단면이기도 하였다.

분명한 것은 우리는 예측과 논리로 설명할 수 없는 불확실한 미래에 살고 있다는 사실이다. 과거에는 인간의 내재적 욕망과 갈등에 의해 전쟁, 경제 침체 등 위기 상황을 맞이하였다면, 현재는 코로나바이러스, 세계적 이상 기후라고 하는 외재적 요인에 의해 탈세계화, 글로벌 공급체인 변화, 사회·경제적 초 양극화 심화, 비대면 사회 확산 등 우리가 살고 있는 모든 국가와 사회의 근본 구조가 변하고 있다. 그에 따라 개개인의 라이프스타일까지 뒤바뀌는 뉴노멀 시대(New Normal)를 맞이하고 있다. 지금의 상황은 인간 스스로 통제와 조정을 통해 해결할 수 없기 때문에 더욱 불확실한 위기적 상황임에 틀림이 없다. 누구도 예측할 수 없는 뉴노멀 시대, 인류에게 어떠한 새로운 세상이 펼쳐질지 기대감과 불안감이 공존하고 있다.

코로나 팬데믹 이전에도 우리는 4차 산업혁명, 초연결사회, 인구구조 변화, 저성장과 초 양극화 등 대전환 시대를 예견하고 있었지만, 코로나 팬데믹으로 그 시기는 훨씬 다른 양태로 앞당겨 전개되고 있다. 코로나 19가 시대 전환을 이끈 가장 큰 위협요인 중의 하나는 단연코 경제위기이고, 그 외에 산업 위기, 노동 시장 위기, 삶과 노동의 변화, 계층 간·지역 간 불평등 심화, 언택트 문화 확산, 환경의 중요성 인식 확산, 소비 행태 변화 등 인간의 모든 분야에 걸쳐 절대적 영향을 미치고 있다(〈표 Ⅲ-2〉 참조).

〈표 Ⅲ-2〉 코로나 19가 경제·산업·노동·사회 분야에 미친 영향

구분	영향
경제 분야	• 세계 경제 침체와 저성장 • 경제적 불확실성 증가 • 글로벌 가치사슬(GVC) 재편과 보호주의 확산 • 소득과 자산의 양극화 심화(비정규직, 자영업자 등 취약계층은 물론 중간계층까지 확산) • 국가재정 확장정책에 따른 국가부채 증가
산업 분야	• 국제관광산업, 항공산업, 에너지 산업 등 위축 • 제조업 및 도소매업 위기 • 전자상거래 등 온라인 수요 확대와 시장 규모 확장 • 비대면 생활 물류 서비스 산업, 택배업 등 급성장

구분	영향
노동 분야	• 고용불안; 노동자 해고(거리 두기 강화로 여행, 항공, 운수업 등)로 일자리 감소 • 재택근무(원격근무), 유연 근무 확대 • 필수노동자(보건, 돌봄, 택배 등) 업무 부담 과중
사회 분야	• 비대면 문화 확산 • 사회적 갈등 및 저항 확대 • 저출산 심화와 1인 가구 증가 • 사회연대 약화 • 낮은 삶의 질(well-being)과 낮은 행복도 • 개인의 라이프스타일 변화(소비하는 방식, 일하는 방식, 레저 방식 등) • 정신건강 악화

출처: 경제·인문사회연구회(2020); 성경륭(2021)에서 재정리.

〈표 Ⅲ-2〉에서 보듯이, 코로나 팬데믹 충격이 세계 경제에 미친 주요 영향은 봉쇄조치 및 사회적 거리 두기 지속으로 총수요와 총공급이 둔화됨에 따라 세계 경제 침체와 저성장, 가계 및 기업의 위험회피도 증가에 의한 경제적 불확실성 증가, 중국의 생산능력에 집중되었던 글로벌 가치사슬(Global Value Chain)의 취약성이 드러나 공급망이 다극화되는 글로벌 가치사슬의 재편과 세계 경제 둔화로 자국을 우선하는 보호주의 정책 확산, 비정규직, 자영업자 등 취약계층은 물론 중간계층까지 확산되는 소득과 자산의 양극화 심화 현상, 코로나 확산에 대응하기 위하여 단기적으로 재정확장은 불가피한 상황이고, 그에 따른 국가부채 증가 등이다(경제·인문사회연구회, 2020).

실제로 [그림 Ⅲ-7]에서 보듯이, 2008년 미국 리먼 브러더스 사태로 전 세계가 경제침체를 경험한 이후, 2020년 코로나 19의 확산 등으로 미국, 일본, 독일 등 선진국과 신흥국 포함 전 세계가 마이너스(-) 경제성장률을 보였지만, 방역체계 강화와 경기회복을 위한 확장적 재정 및 통화정책에 힘입어 2021년 들어 점진적인 회복세를 보였다. 하지만 주요 선진국의 양적 완화 및 재정지출 확대에 따른 인플레이션 압력, 글로벌 공급망 차질에 따른 생산비용 상승 등 세계 경제의 잠재적 위험요인에 대한 우려 또한 심화되고 있다(경제분석국, 경제분석총괄과, 2021.12.30.).

출처: 경제분석국, 경제분석총괄과(2021.12.30.)

[그림 Ⅲ-7] 세계 경제성장률 추이(%)

한편 세계 각국은 코로나 팬데믹 확산을 막기 위하여 영업중지, 여행금지, 자가격리, 재택근무 등의 억제책을 시행하였고, 그 결과 국제관광산업, 항공산업 등이 심각한 피해를 보았다. 세계적인 소비와 생산 위축은 주요 산업체는 물론 그에 따른 제조업과 도소매업체는 위기를 맞이할 것이다. 하지만 코로나 19사태로 전자상거래 등 온라인 수요 확대와 시장 규모가 크게 성장하였고, 비대면 생활 물류 서비스 산업과 택배업은 급격히 증가하였다는 특징도 있다.

코로나 팬데믹이 노동 분야에 미친 영향은 경제침체 국면에서 고용불안이 가장 큰 문제점으로 제기된다. 거리 두기 강화로 여행, 항공, 운수업 등 분야의 정리 해고로 일자리는 감소하였다. 코로나 19 사태 전후 OECD 주요 국가 기준으로 실업률을 살펴보면(〈표 Ⅲ-3〉), 코로나 팬데믹 첫해인 2020년 실업률이 가장 높았다. OECD 국가 평균 2018년 실업률은 5.5%에서 2020년에는 7.2%로 1.7% 상승하였고, EU 28개국은 2020년 7.2% 이후 2021년 7.4%, 19개국 유로 지역도 2020년 7.2%에서 2021년 7.4%로 실업률이 상승하여 코로나가 노동 시장에 영향을 미쳤음을 알 수 있다. 국가별로 살펴보면 미국의 실업률(3.9% → 8.2%)이 코로나 이전보다 이후가 가장 크게 상승하였고, 캐나다도(5.9% → 9.6%) 실업률이 상승하였으며, 나머지 대부분 주요 국가들도 소폭 상승하였다. 이로써 코로나 19가 전 세계 국가마다 실업에 영향을 주었음을 알 수 있다. 그리고 재택근무(원격근무), 유연 근무가 확대되었고, 코로나 19 관련 필수노동자(보건, 돌봄, 택배 등)들의 업무 부담은 심각히 가중되었다.

〈표 Ⅲ-3〉 OECD 주요국의 실업률 추이(계절 조정, %); 코로나 19 전후 시기를 중심으로

구분	2018	2019	2020	2021.4월
OECD 전체	5.5	5.4	7.2	6.7
(European Union)	7.1	6.7	7.2	7.4
(Euro Area)	8.2	7.6	8.0	8.2
미국	3.9	3.7	8.1	6.2
일본	2.4	2.4	2.8	2.8
영국	4.1	3.8	4.5	-
독일	3.4	3.2	4.2	4.5
프랑스	9.0	8.4	8.0	7.9
캐나다	5.9	5.7	9.6	8.4
이탈리아	10.7	10.0	9.3	10.5
한국	3.8	3.8	3.9	4.4

출처: OECD(2021, p.2).

코로나 팬데믹이 사회 분야에 미친 영향은 비대면 문화 확산, 사회적 갈등 및 저항 확대, 저출산 심화와 1인 가구 증가, 사회연대 약화, 낮은 삶의 질(well-being)과 낮은 행복도, 개인의 라이프스타일 변화(소비하는 방식, 일하는 방식, 레저 방식, OTT 서비스 사용자 급증 등), 정신건강 악화 등 다양하다. 특히 코로나 블루(Corona Blue)라고 불리어지는 국민 정신건강은 매우 심각한 상황이다. 보건복지부가 2020년 3월부터 분기별로 실시해 오고 있는 「코로나19 국민 정신건강 실태조사」결과에 따르면, 2022년 2분기에 우울위험군은 16.9%로, 2019년(3.2%)의 5배가 넘는 수치이고, 자살생각률도 2022년 2분기에 12.7%로 코로나 19 발생 이전인 2019년(4.6%)과 비교해도 3배 가까이 높은 수준이다.

전 세계가 코로나 팬데믹으로 점령당한 지 3년이 지났다. 하지만 향후 전망은 여전히 밝지 않은 것이 문제이다. 매일경제 2022년 9월 12일 자 보도에 따르면, 현대경제연구원이 최근 세계 경제에 다양한 위험요인이 중첩돼 '퍼펙스톰(Perfect Storm: 초대형 복합 위기)'에 대한 우려를 제기하였다. 현대경제연구원은 2022년 하반기 세계 경제의 열쇳말을 'STORM'으로 설정하고, 'S(Stagnation, 침체)'세계 경제의 침체 가능성, 'T(Trade War, 교역 전쟁)' 미국과 중국 간 외교·경제 갈등에 따라 글로벌 공급망과 교역 단절, 'O(Oil shock, 오일쇼크)' 고유가 장기화 가능성, 'R(Russia와 우크라이나 간 교착)' 유로존을 중심으로 대규모의 경제 위기 발생 가능성, 'M(Monetary Policy, 통화정책)' 미국 연방준비제도의 급진적인 통화정책 등 다섯 가지 리스크 요인이 세계 경제 경기의 하강 국면으로 이끌 가능성이 크다고 진단하였다. 코로나 팬데믹이 더욱 촉발시킨 세계 경제위기가 여전히 어둡다는 전망이다.

그렇다면 코로나 팬데믹이 대학교육에 어떤 영향을 주었는가? 포스트코로나, 뉴노멀사회에 인간 삶의 가장 핵심적인 영역인 교육, 특히 대학은 어떤 모습으로 변해야 하는가? 코로나 팬데믹이 대학교육에 미친 영향은 우선적으로 학습의 접근성과 해외 유학생의 입국 관리 강화, 그리고 대학 방역이 쟁점이었다. 코로나 팬데믹 초기 상황을 되살려보면, 모든 학교는 개학연기, 등교금지, 대면 수업 금지 등의 조치를 취할 수밖에 없었고, 그에 따라 학생들의 수업권을 보장해 주기 위해 온라인 학습으로 전환하였다. 문제는 모든 수업이 온라인 수업으로 전환되었지만, 그것을 수용할 수 있는 프로그램이나 서버 및 학습관리시스템(Learning Management System, LMS) 등이 구축되지 않아 초기에는 많은 혼란이 있었다. 교수들도 온라인 교육이 익숙하지 않아 대학생들의 불만족이 증가하고 온라인교육의 학습효과에 대한 부분도 누구도 장담하지 못했다[3]. 이러한 상황에서 대학생들이 등록금 반환을 요청하는 것은 어찌 보면 당연한 입장이라고 할 수 있다. 그리고 대학들은 외부인 출입을 금하는 조치와 더불어 건물 출입 통제, 열화상 카메라 설치, 마스크·손 소독제 방역 물품 제공 등 코로나 19 관련 방역 대응 조치를 취했다. 대학마다 해외 입국 유학생 관리를 강화하는 조치도 취했다. 그리고 코로나 19는 2021학년도 수능시험을 2주 연기하고 대입 일정을 변경해야 했던 초유의 사태가 발생하였다.

2000년 8월 이후 사회적 거리 두기 2단계에서 1.5단계로 완화되면서 등교 수업이 확대되고, 온·오프라인 혼용되는 혼합형 학습(blended learning)이 확대되었다. 이러한 혼란과 위기 극복과정에서 나타난 문제점은 대학 간, 교수 간의 역량 차이가 발생하였다는 점이다. 특히 대면 수업이나 대면 접촉이 필수적인 실험 실습 관련 수업에는 큰 차질을 빚었다.

이러한 코로나 19 초기에 혼란에 대응하고 극복해야 하는 대학현장의 모습은 한국만이 아니라 전 세계가 거의 동일하였다. OECD가 발행한 보고

3) 코로나 19 초기 등교일수·수업시수 축소, 원격수업 도입 등은 학생 안전을 위한 긴급한 조치이었지만, 초중등교육에서는 역설적으로 학생 간 학습격차 확대, 학력저하 심화 등이 사회적 문제로 대두되었다. 실제로 사교육걱정없는세상과 YTN이 전국 8개 시도 내 중·고등학교 2020학년도 1학기 국·영·수 평가 결과를 이전 연도와 실증적으로 비교한 결과, 2020년에 중학교에서는 중위권(B,C,D 등급)이 감소하고, 상(A등급)·하위(E등급)권이 동시에 증가한 '학력 양극화', 고등학교에서는 중위권과 상위권이 줄고 하위권이 대폭 늘어난 '학력저하' 현상을 보이고 있음을 발표한 바가 있다(사교육걱정없는세상, 2021. 4. 26. 보도자료).

서 “The State Of Higher Education: One year into the COVID-19 pandemic(2021)”에 따르면, 조사 대상 국가 26개 중 코로나 19로 인해 2020년 3월 26일까지 모든 국가의 대학캠퍼스들은 학기 연기 혹은 폐쇄하였고, 폐쇄 기간은 2020년도에 평균 78일이었다. OECD 국가의 대부분 대학은 온라인 학습(online learning)을 위해 오래전부터 준비해 왔지만, 코로나 19 이전인 2018/19학년에 대학교육의 온라인 학습에 등록한 학생 비율이 15% 이상인 국가는 미국, 콜롬비아, 독일, 스페인, 스웨덴 정도이고, 벨기에, 일본, 폴란드, 슬로바키아 공화국, 슬로베니아와 같은 국가에서는 그 이하 정도 수준이었다. 코로나 19 이전에 대학교육에 온라인 학습이 제한적으로 운영되었던 주요 원인은 OECD 국가마다 법적 규제의 문제도 있지만, 원격교육에 대한 충분한 준비가 되어 있지 않았다는 점이다. 하지만 코로나 19 이후 조사 대상 국가의 대학생들의 55%가 원격수업에 참여했고, 20% 학생들은 75% 이상 원격수업에 참여하여, 2020년 한 해에 대학생들의 40% 이상이 원격수업에 참여한 것으로 나타났다. 이를 위해 대학들은 가상 교실 설치, 다양한 온라인 강좌 개설하여 Coursera의 경우 2020년 3월과 8월 사이에 1,800만 명 이상이 등록한 것으로 나타났다. 이 보고서에는 대부분의 유럽연합 대학생들이 온라인 강좌와 MOOCS(Massive Open Online course, 무료 온라인 강좌)의 일반적인 사용뿐만 아니라, 온라인으로 제공되는 강좌의 공유를 요구하고 있음을 강조하고 있다. 우리나라와 같이 OECD 국가 대부분도 온라인 학습으로의 전환은 실험실, 예술 분야 등 현장 실습이 필요로 하는 분야에는 큰 지장을 주었음을 지적하고 있다. 그리고 코로나 팬데믹 이후 대학생들이 정서적 행복, 자존감, 공동체 의식, 소속감 등 웰빙 수준이 저하되었음도 지적하고 있다.

UNESCO(2022d)가 발간한 “Impact of Covid-19 on Higher Education”의 보고서에서도 코로나 팬데믹이 대학교육의 교수학습(teaching and learning), 연구, 재정, 국제교육 분야에 국가 간·고등교육기관 간 차등적 영향을 주었다는 분석을 하고 있다. 그 보고서에 따르면, 코로나 팬데믹이 대학의 교수학습에 미친 영향은 개발도상국과 취약계층에게는 태블릿, 컴퓨터 및 인터넷에 대한 접근 부족으로 갑작스러운 온라인 학습으로의 전환은 큰 고통을 주었고, 학습 손실에도 더 큰 영향을 받았으며, 이는 향후 평생 소득의 손실로 이어질 것이라는 점이다. 그럼에도 불구하고, 온라인 학습으로의 전환은 개발도상국에게는 더 빠른 교육과정 개발 기회를 제공할 것으로 기대하고 있다. 또한, 코로나 팬데믹은 연구자들의 정상적인 연구 활동에도 부정적인 영향을 미쳤다. 특히 실험실 연구, 현장 연구, 협동 연구 등에 심각한 차질을 주었다. 팬데믹 기간 동안의 정치적, 사회적 혼란과 함께 암울한 고용시장은 연구자들에게는 큰 어려움이었다. 코로나 팬데믹으로 인한 국경 폐쇄와 자국민보호주의 강화로 해외 유학생들은 입국 불허와 재택수업 등으로 불이익을 받았다. 이러한 국제 유학생 흐름의 변화는 영어권 국가의 대학 입장에서는 재정 수입 감축으로 이어졌지만, 국제적 명성에 따라 재정 영향 정도는 차이가 있었다는 점이다.

이와 같이 한국과 세계 모든 국가가 코로나 팬데믹으로 얻게 된 어려움과 그에 대한 대응 조치는 거의 유사하다. 특히 모든 국가의 대학 구성원들은 급속히 확대된 온라인교육의 실체, 가능성과 한계성에 대해 새롭게 인식한 계기가 되었다고 본다.

다음으로 포스트코로나, 뉴노멀사회에 대학은 어떤 모습으로 변해야 하는가? 하는 문제의식이다.

우선적으로 온·오프라인 융합 및 혼합교육(Blended Learning), 가상현실(VR), 증강현실(AR) 활용 교육, 디지털 기반 학습공간 등 미래 디지털 기반 교육환경 생태계를 재설계해야 한다. 교육의 본질은 가치 지향적 활동이기 때문에, 교수와 학생과 만남을 통한 대면 수업은 시대를 떠나 필수이다. 하지만, 코로나 팬데믹 이후 코로나 세대라 불리우는 Z세대(19~24세)가 온라인 수업에 익숙해 있고, 유튜브 콘텐츠와 미디어 시청 등으로 세상을 이해하는 새로운 인식변화와 삶의 양식이 변화되었다면 온·오프라인이 융합하는 새로운 만남의 방식이 필요하다. 이제는 대학도 대면학습은 물론 가상현실세계, 메타버스에서 학습하고 협력하며 새로운 가치를 창출하는 입체적 학습공간으로 전환해야 한다. 이를 위해 현재 초·중등학교에서 시행하고 있는 그린스마트 학교(Green-Smart school) 프로젝트의 모델을 대학에 적용하도록 국가적 지원이 선행되어야 한다.

둘째, 코로나 19와 같은 전염병, 기후 재난, 국제 경제 침체 등 세계 모든 국가가 당면하고 있는 의제와 국가 간 협력을 통해 해결해야 하는 중요 의제를 학습하고 논의할 수 있는 고등교육의 새로운 지평을 마련할 필요가 있다. 다른 국가 고등교육기관들과 협업을 통해 '국제 핵심 교양과정(Global Core Curriculum)'을 공동으로 운영하여 지구촌이 당면하고 있는 공동의 재난과 난제를 학습하고 공동 대응할 필요가 있다. 이는 개별 대학의 노력이 아닌 정부의 적극적 노력으로 추진되었을 때 실현 가능하다.

셋째, 코로나 팬데믹이 영향을 준 가장 큰 쟁점 중의 하나가 교육불평등과 양극화 심화인 만큼, 대학교육의 평등한 접근 기회를 보장할 수 있는 국가적 노력이 필요하다는 점이다. 이 논의는 다음 절에서 구체적으로 다시 다루겠지만, 코로나 19로 교육불평등이 더욱 심화되었음을 강조하고자 한다. 한 예로서, 2020년 코로나 19 여파로 갑자기 어려움을 겪는 대학생들을 위해 교육부와 한국장학재단은 학자금 대출 금리를 기존 연 2.0%에서 연 1.85%로 0.15% 포인트 인하한 바 있었다. 그리고 미국 바이든 정부는 대통령 선거에서 공약했듯이, 연방 학자금 대출자의 개인 연 소득이 12만 5,000달러(한화 약 1억 7천만 원), 부부 합산 소득 25만 달러(한화 약 3억 4천만 원) 이하일 경우 1만 달러(한화 약 1,350만 원)까지 대출금을 탕감하겠다고 발표하였다. 저소득층 학자금 지원 보조금인 펠 그랜트(Pell Grants) 지원을 받은 자는 해당 소득 기준에 부합할 경우 최대 2만 달러(한화 약 2,700만 원)까지 부채를 탕감받을 수 있게 되었다. 그리고 바이든 정부는 현재 일시적으로 실시 중인 학자금대출 상환의무 중단 조치를 2022년 12월 31일까지 4개월 더 연장하였고, 이 조치는 팬데믹 이후 트럼프 행정부가 2022년 3월 시작한 조치로 여러 차례의 연장 끝에 2022년 8월 31일에 종료될 예정이었으나 연장되었다(Brink, 2022.8.25.). 한국과 미국은 코로나 팬데믹으로 심화된 교육양극화 해소를 위한 우선적인 조치로서 대학생 학자금 대출 이자 완화 및 유예, 그리고 탕감 정책을 추진했다는 점이 특징이다.

지난 20년 동안 신종 감염병이 네 번이나 출현했고(2002년 SARS, 2009년 신종플루, 2015년 메르스, 2019년 코로나 19), 이 중 두 번(신종플루, 코로나 19)은 WHO가 전 지구적 팬데믹을 선언했다. 21세기 들어 신종 감염병은 평균 5년 주기로, 팬데믹은 평균 10년 주기로 발생한 셈이다. 이런 추세라면 향후 5년, 늦어도 10년 이내에 또 다른 신종 감염병이 출현할 가능성이 높다(김석관 외, 2022, p.117).

이와 같이 2019년 코로나 팬데믹 이후에도 전염병 위기와 대전환 시대는 불확실하게 계속될 것이다. 분명한 것은 향후 세계 질서 개편, 사회구조 급변, 개인 삶의 양식 변화 등은 기존의 사회변화와는 견줄 수 없는 변화의 속도감과 다양한 형태로 전개될 것이다. 따라서 산업사회에 적합했던 지금의 대학체제로는 더 이상 교육과 연구 기능을 담당할 수 없음은 분명하다. 고등교육을 담당하는 대학은 새로운 패러다임으로 변모되어야 하고, 그들의 역할은 더욱 강화될 것이다. 미래를 예측할 수 없다면 미래에 대응하는 것이 아니라 미래를 창조하는 발생의 전환이 필요하다. 단순히 미래에 대응한다는 취지로 선진국 교육을 따라 하는 추격형 교육개혁에서 벗어나 한국형 대학체제 구축으로 선도형 글로벌 교육가치사슬을 모색하는 자신감 있는 교육이 필요하고 함께 지혜를 모아야 할 때이다.

5 양극화와 대학교육

인간은 누구나 평등하게 태어났지만, 현대를 살아가는 우리 모두 평등사회라고 생각하는 사람은 아무도 없을 것이다. 루소의 사상에 영향을 받아 자유와 평등, 그리고 박애의 정신을 담은 프랑스 혁명이 일어났고, 그 이후에도 서구 여러 나라에서 시민혁명이 일어났지만, 여전히 인간은 불평등의 늪에서 벗어나지 못하고 있다. 오늘날 자본주의 체제가 강화되고, 2008년 미국 리먼 브러더스 사태 이후 경제공황과 2019년 코로나 팬데믹 이후 세계 경제가 침체하면서 인류 사회는 더욱 심각한 불평등이나 양극화 현상을 경험하고 있다.

양극화 현상은 21세기 초를 지배했던 지식기반사회와 세계화 흐름의 부작용이 가져다준 결과라는 지적에는 누구도 부인하지 못할 것이다. 지식기반사회, 세계화라는 미명하에 각자도생의 경쟁과 배제의 논리가 지배하였고, 이는 확장된 자본의 편중성을 가속화시켜 결국 양극화 현상을 촉진시키는 결과를 초래하였다. 이에 더하여 국가간 힘의 논리가 지배하는 세계화 흐름은 신자유주의 패러다임으로 전 세계를 지배하면서 국가 간 그리고 국가 내의 사회·경제 양극화 현상은 더욱 심화하였다.

노벨 경제학 수상자인 조지프 스티글리츠 교수(Joseph E. Stiglitz)가 '거대한 불평등(The Great Divide, 2017)'에서 전 세계가 '1%의, 1%에 의한, 1%를 위한 구조'로 변하고 있음을 지적하고, 세계적 갑부 85명의 부(富)가 세계 인구의 하위 50%(약 30억 명)가 지닌 부(富)의 규모와 비슷한 수준임을 그 예로 제시한 바 있다.

우리나라에 이미 유명한 피케티(Thomas Piketty)가 그의 저서 "21세기 자본(Capital in the Twenty-First Century)"에서 보여주었듯이, 세계 경제가 침체할수록 불평등은 심화하는 것으로 나타났다. [그림 Ⅲ-8]에서 알 수 있듯이, 미국 소득 상위 10%의 계층이 전체 국민소득에 차지하는 비율이 1910년대와 1920년에는 45%~50%에서 1950년대 60년대에는 35% 미만으로 줄었다. 그리고 2000년대와 2010년에 다시 45~50%로 늘어났다. 이와 같이 소득 불평등이 심화하는 시기는 1929년 경제 대공황 전후, 2008년 미국의 리먼 브러더스 사태로 인한 세계금융위기, 2010년 유럽 재정위기 등의 시기와 맞물려 있음을 알 수 있다.

주: Y축 비율은 소득 상위 10%가 국민소득에서 차지하는 비중을 의미함.
출처: Piketty(2014), p.26.

[그림 Ⅲ-8] 미국의 소득 불평등, 1910~2010

피케티의 불평등론이 우리 사회에도 큰 충격을 준 상황에서 2014년 김낙년·김종일 교수의 '한국의 고소득층' 논문 내용을 보도한 국민일보 보도 내용(2014년 9월 12일 자 보도)이 충격적이었다. 김낙년·김종일 교수의 분석 결과에 따르면, 한국의 경우 상위 10% 소득 점유율이 44.87%로서 미국(48.16%) 다음으로 세계에서 두 번째로 높고, 상위 1% 소득 점유율은 한국이 12.23%로서 미국(19.34%), 영국(12.93%) 다음 3위로 높아 소득 양극화가 세계에서 매우 높은 수준인 국가로 밝혀졌기 때문이다.

그리고 코로나 19 이후에는 근로소득이 불평등을 넘어 양극화되었다는 언론 보도도 있었다. 경향신문 2022년 2월 2일 자 보도는 용혜인 기본소득당 의원실이 국세청에서 받은 소득 100분위 자료를 분석한 결과를 보도하였고, 보도에 따르면 근로소득을 기준으로 한 소득불평등도가 코로나를 계기로 소득 상·하위 계층의 양극화가 더 벌어졌다는 것이다. 소득 상위 10%의 소득(비과세 근로소득을 제외한 총급여 기준)을 하위 10%의 소득으로 나눈 값인 10분위 배율은 2019년 40.8배에서 2020년 42.4배로 벌어졌고, 반면에 근로소득 10분위 배율은 2010년 77.0배에서 2014년 50.9배, 2016년 46.6배 등 매년 감소하는 추세였지만 코로나 19 국면에 들어선 2020년 42.4배를 기록해 증가 추세로 돌아섰다는 것이다.

한국의 소득불평등 문제는 OECD 국가 대상으로 최근에 조사한 상대적 빈곤율(relative poverty)이 4번째로 높은 수준으로 나타나 매우 심각한 상황이다. 경향신문 2021년 10월 25일 자 보도 기사 '한국 상대 빈곤율 OECD 국가 중 4번째로 높아'에 따르면, 2018~2019년 기준 한국의 상대적

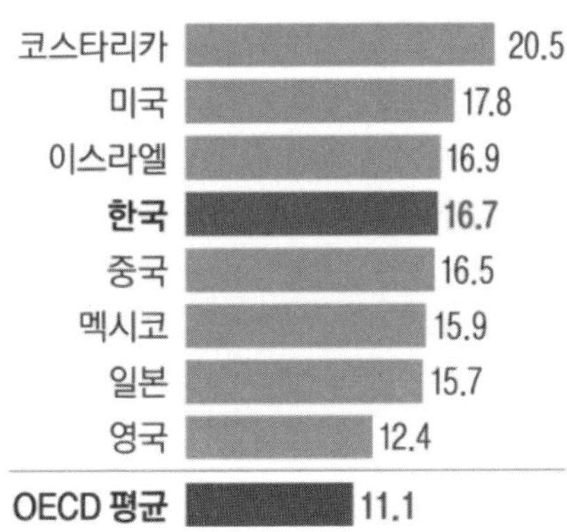

주: 1) 2018~2019년 기준
2) 상대적 빈곤율은 균등화 중위소득의 50% 이하에 해당하는 가구의 비율임.

출처: OECD; 윤지원(2021.10.25.) 재인용.

[그림 Ⅲ-9] OECD 주요국 상대적 빈곤율(%)

빈곤율은 16.7%로서, OECD 37개국 중 코스타리카(20.5%·1위), 미국(17.8%·2위), 이스라엘(16.9%·3위) 다음 4번째로 높은 수준이었다. OECD 평균 상대 빈곤율은 11.1%로 한국은 이보다 5.6%포인트 더 높았다([그림 III-9]). 한국의 상대적 빈곤율은 16.7%는 6명 중 1명이 전체 사회 구성원의 중위값 소득보다 훨씬 적은 돈을 벌어 생활하는 것을 의미한다(윤지원, 2021)[4].

이와 같이 소득양극화는 경제침체 국면에서는 더욱 심화되고, 코로나 팬데믹 이후 그 정도가 더욱 악화되고 있는 상황에서 한국의 소득양극화는 세계적인 수준일 정도로 심각하다. 문제는 글로벌 경제가 코로나 팬데믹의 충격에서 회복하는 모습이 'V', 'W', 'L', 혹은 'K' 모양으로 전개될지 향후 예측이 불분명하다는 점이다. 그 중에서 가장 우려스러운 부분은 K자형 회복으로서, 회복력이 높은 쪽과 그렇지 못한 쪽 간의 간극이 45도 방향으로 벌어지게 된다는 것을 의미한다. 이는 국가간 초양극화와 아울러 국가내에서도 지역·산업·사회계층별로 초양극화 심화로 이어진다는 시나리오이다.

이러한 초 양극화 현상은 교육 분야에서도 그대로 이어진다. 우리는 오랫동안 교육을 계층 이동의 사다리로 인식하여 왔고, 불평등 구조에서 벗어나기 위해 교육을 이용해 왔다. 하지만 교육이 계층사다리 역할을 수행하기보다는 지역 간, 계층 간 양극화를 더욱 고착화시키는 상황으로 전개되고 있다.

실제로 한국교육개발원의 '교육 분야 양극화 추이 분석 연구(2020)' 보고서 결과에 따르면, 교육 분야의 양극화 정도에 대해 전체 응답자(2,500명) 중 72.2%가 '심하다'라고 응답하였다. 연령별로는 40대 이상이 30대 이하보다 교육 분야의 양극화를 상대적으로 심하게 생각하고 있었다(50대 79.0%

4) 2021년 기준 중위소득의 50%는 1인 가구 91만4000원, 2인 가구 154만4000원, 3인 가구 199만2000원, 4인 가구 243만8000원이었고, 여기에 못 미치는 소득을 버는 사람이 16.7%에 이른다는 의미임.

〉 40대 74.1% 〉 60대 70.4% 〉 20대 이하 68.8% 〉 30대 66.5%). 거주 지역별로는 지역 규모가 작을수록 교육 분야의 양극화가 심하다고 인식하고 있었다(읍면 75.5% 〉 중소도시 73.7% 〉 대도시 70.2%). 학력별로는 학력이 높을수록 교육 분야의 양극화가 심하다고 인식하고 있었다(대학원 이상 75.6% 〉 대졸 72.0% 〉 고졸 이하 71.6%) (김경애 외, 2020, pp.73-74). 결국, 한국교육의 양극화에 대한 인식은 연령이 높을수록, 농산어촌 지역일수록 고학력일수록 심각하다고 느끼고 있었다.

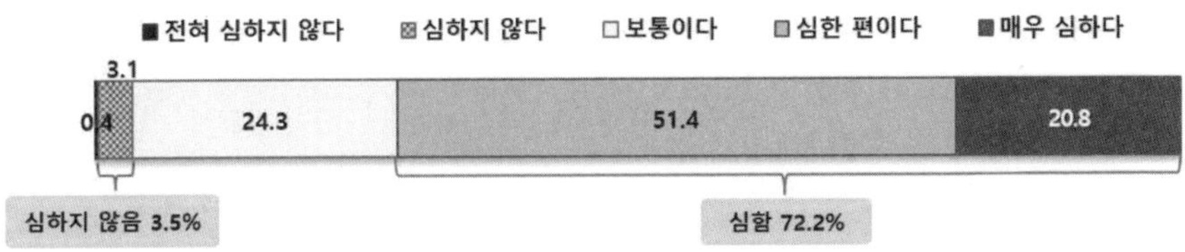

출처: 김경애 외(2020, p.74).

[그림 Ⅲ-10] 교육양극화 정도(단위: %, N=2,500)

그리고 이 보고서는 교육 분야 양극화 지수를 개발하고 그 수준을 분석하였는데, 양극화 지수 가운데 하나인 '이동성 감소'(불균등 배분)의 2010년 대비 2020년 변화를 나타내는 변동성 지수가 117.3으로 나타났다. 이 지수는 소득 하위 20% 집단이 교육 분야 핵심 지표에서 상위 20%에 속할 가능성을 나타내는 것으로, 변동성 지수가 100보다 높을수록 10년간 양극화 정도가 심화됐다는 것을 의미한다. 특히 세부 지표에서 보면 사교육비와 역량(학업성취) 등에서 양극화 수준이 심각했음을 밝혀냈다. 특히 교육 양극화 지수의 4가지 분류 중에서, '이동성 감소'(117.3)에 이어 '중간층 감소'(104.6) '집단 간 차이 증가'(101.8) '집단 내 차이 감소'(98.8) 등의 차례로 변동성 지수(2010년 대비 2020년 수준)가 컸다(〈표 Ⅲ-4〉 참조). 지난 10년간 양극화가 더 심화한 순서다. 중간층 감소는 소득 중위 집단이 하위 집단에 더 가까워지는 것을 의미하며, 집단 내 차이는 소득 상위 20%와 하위 20% 집단의 차이를 말한다. 지수를 구성하는 교육 분야 핵심 지표 10가지는 유아 인지발달(데이터 미 반영), 사교육비, 부모의 학습 지원, 부모의 문화 지원(데이터 미반영), 학습시간, 교사 열의, 학업성취, 성인역량(데이터 미반영), 대학 진학, 대졸자 첫 소득 등이다(김경애 외, 2020, pp. 173~174).

〈표 Ⅲ-4〉 교육 분야 양극화 변동지수 산출 사례(2010년~2020년)

양극화 요소	집단 간 차이 증가	집단 내 차이 감소	중간층 감소	이동성 감소
지수명 / 지표명	5분위 배율	집단 내 변량 비율	중간집단 하향 편향	불균등 배분
A. 유아 인지발달	-	-	-	-
B. 사교육비	90.4	91.6	106.0	148.9
초등학교	113.6	93.6	119.4	156.8
중학교	97.3	88.5	105.2	141.6
고등학교	72.7	92.6	94.8	149.0
C. 부모 학습 지원(고)	100.1	99.2	111.9	103.5
D. 부모 문화 지원(고)	-	-	-	-
E. 학습시간	126.9	100.1	106.9	105.5
초 4학년	118.6	99.9	134.1	107.9
중 1학년	112.2	96.6	86.1	99.2
F. 교사 열의(학생 인식)(고)	101.3	100.1	109.0	100.0
G. 역량(학업성취)(고)	121.2	105.0	123.0	177.7
H. 성인역량	-	-	-	-
I. 대학 진학	64.3	97.3	89.0	80.1
J. 소득(대졸자 첫 소득)	108.6	98.1	86.4	105.2
합 계	101.8	98.8	104.6	117.3

주: 유아 인지발달, 부모 문화 지원, 성인역량 지표의 경우, 2010년과 2020년에 해당하는 시점 데이터가 없기 때문에 제외하고 계산되었음.

출처: 김경애 외(2020, pp.173-174).

또한, 공교육보다 가정의 소득수준과 밀접한 관련이 있는 사교육비 투자에서 양극화가 심각하다는 특징도 드러났다. 2020년 기준 사교육비 양극화는 '집단 간 차이 증가' 지수가 354.2일 정도로 심했고, '이동성 감소' 지수도 288.9에 달했다. 부모의 문화 지원, 역량(학업성취), 학습시간, 대학 진학 등 가정 배경과 연관이 있거나 그에 대한 결과라 할 수 있는 지표에서도 양극화 현상이 두드러졌다. 중·고등학교의 경우 사교육비에서는 '중간층 감소' 지수가 100 이하로 나타났다(〈표 Ⅲ-5〉 참조). 이는 소득 중위 집단이 상위 집단만큼 사교육에 돈을 쓰게 되는 일종의 '따라잡기' 현상이 나타나고 있다는 것을 보여준다(김경애 외, 2020, pp.171~172).

〈표 Ⅲ-5〉 교육 분야 양극화 지수 산출(2020년)

양극화 요소	집단 간 차이 증가	집단 내 차이 감소	중간층 감소	이동성 감소
지수명 / 지표명	5분위 배율	집단 내 변량 비율	중간집단 하향 편향	불균등 배분
A. 유아 인지발달	105.7	100.9	92.6	120.9
B. 사교육비	354.2	117.2	100.1	288.9
초등학교	338.5	122.0	110.1	300.0
중학교	340.6	116.0	93.6	290.9
고등학교	383.4	113.6	96.6	275.8
C. 부모 학습 지원(고)	113.6	103.6	105.4	127.0
D. 부모 문화 지원(고)	148.5	103.8	92.9	160.6
E. 학습시간	155.5	103.6	102.0	124.4
초 4학년	137.5	102.3	107.8	125.7
중 1학년	170.7	104.2	94.1	130.9
F. 교사 열의(학생인식)(고)	100.7	100.2	105.3	105.4
G. 역량(학업성취)(고)	136.9	111.4	101.2	239.5
H. 성인역량	113.8	106.1	95.5	149.5
I. 대학 진학	228.6	101.7	104.7	130.1
J. 소득(대졸자 첫 소득)	113.8	100.1	104.8	109.0
합 계	157.1	104.9	100.5	155.5

출처: 김경애 외(2020, p.171).

교육양극화은 코로나 팬데믹 이후 더욱 부각되었지만, 이 문제는 이미 오래 전부터 우리 사회의 핵심 쟁점이었다. 지난 문재인 정부는 출범 초기에 교육의 계층사다리를 복원하겠다는 국정과제를 내세웠지만, 교육불평등과 교육격차를 넘어서 교육양극화가 더욱 심화되었다. 물론 교육양극화 현상은 우리나라만이 아닌 세계적인 현상이고 신자유주의의 파고가 가져다준 결과이기도 하다. 2008년 금융위기, 2011년 재정위기로 신자유주의의 폐해인 1대 99로의 양극화와 소득 불평등이 전 세계에서 확대 재생산되었음은 주지의 사실이다. 하지만 그 수준이 다른 나라와 비교해 보더라도 결코 낮은 수준이 아니기 때문에, 더 이상 외면할 수 없는 시대적 과제가 되었다. 현재 윤석열 정부도 84번째 국정과제가 '국가교육책임제 강화로 교육격차 해소'이다(제20대 대통령직인수위원회, 2022, p.142). 모든 정부가 교육격차, 불평등 해소를 위한 정책을 제시하지만, 과연 정부가 근본적으로 교육양극화 해결을 위한 노력을 하였는지에 대해서는 여전히 의문이다.

교육양극화 심화 현상이 대학교육에 주는 시사점은 첫째, 우리의 경우 교육양극화를 더욱 촉진시키는 요인은 지식의 자본화 현상(capitalization of knowledge) 가속화, 학교(대학)의 서열주의, 학벌주의 고용 관행, 그리고 불공정한 교육경쟁 구조가 크게 자리 잡고 있다. 우리나라는 특히나 교육양극화 문제가 노동 시장의 고용구조와 관행과 연계되어 있기 때문에, 교육의 공정성과 공공성, 민주성, 투명성 제고를 위한 정책은 물론 교육-노동 시장 연계형 정책이 설계되어야 하는 복합적이고 종합적인 개혁이 필요한 상황이다. 한국교육개발원이 매년 실시하는 '교육여론조사(KEDI Poll)' 결과를 보면 이러한 사실은 더욱 극명하게 나타난다. 지난 2022년 교육여론조사 결과(2022)에 따르면, 우리나라 학벌주의 현상은 앞으로도 '큰 변화 없을 것이다' 57.2%, '심화될 것이다' 28.1%로서 큰 변화 없거나 오히려 심화될 것이라는 인식이 85.3% 이었다([그림 Ⅲ-11]). 이러한 응답 비율은 지난 2011년부터 2022년 이번 조사까지 큰 인식의 변화가 없었다. 그리고 학벌주의 현상이 큰 변화 없거나 오히려 심화될 것이라는 인식은 전문대 및 대졸, 고졸, 중졸 이하, 대학원졸 순으로 응답하였다(권순형 외, 2022, p.228).

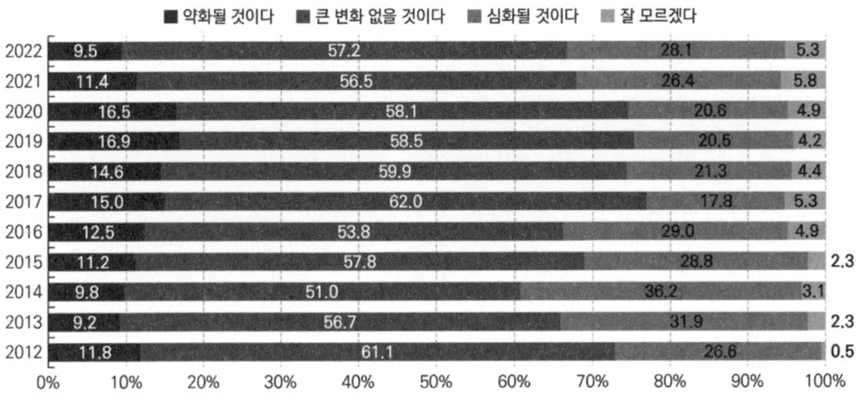

출처: 권순형 외(2022, p. 229).

[그림 Ⅲ-11] 우리나라 학벌주의에 대한 전망(전체, 2012~2022)

하지만 문제는 학벌 중시 노동 시장 메커니즘은 민주주의 국가에서 정부가 정책으로 통제하기에는 한계가 있다는 점이다. 따라서 노동 시장에서도 인정할 수 있는 좋은 대학을 많이 만들어 대학의 서열구조를 해체하는 정부의 노력이 선행되어야 한다. 이른바 선한 대학서열구조이다. 각자도생의 대학 간 경쟁구조가 아닌 대학 간 상호 협력·공존하며 함께 성장하는 포용적 대학체제로 새로운 대학경쟁력을 모색해야 하는 이유이다.

둘째, 교육불평등 해소를 위해 취약계층을 대상으로 교육복지지출 확대 방안 등이 주요 정책이었다면, 교육양극화에 의해 교육자원 배분이 양 극단화되는 상황에서는 취약계층 자녀 지원은 필수이고, 중간계층 복원을 위한 추가적인 정책이 필요하다. 지난 미국 대통령 선거에서 바이든 대통령 후보가 교육공약(The Biden Plan for Education Beyond High School, 2020.7)으로 미국의 중추인 중산층 재건에 초점을 두고, 10개의 직업 중

6개가 고등학교 졸업장 이상의 교육을 필요로 하는 상황에서 미국 국민들이 고등학교 교육 이상의 교육을 받을 수 있도록 지역사회대학의 무상교육, 중산층(연 125,000달러 미만의 소득 가정)에게 2년제와 4년제 공립대학의 무상교육, 학부 연방 학자금대출 상환 절반 이상 삭감 등의 방안을 제시한 것은 많은 시사점을 준다. 실제로 앞서 언급하였듯이, 미국 바이든 정부는 지난 2022년 8월 25일 연방 학자금 대출자 탕감 조치를 발표함으로써 중간계층 복원을 위해 적극적으로 대응하고 있다. 아울러 2018년 기준으로 미국은 17개 주[5]에서 무상 등록금 정책 및 프로그램 운영을 위한 주 법률(State Legislation)을 제정하였다(Boggs, 2019, p.4). 시장주의를 강조하는 미국에서조차도 교육양극화 극복을 위해 대학교육 무상화를 추진하고 있음을 가볍게 볼 수 없다. 우리의 경우에도 선거 때마다 대학등록금 무상화 의제를 제안하고 있지만, 항상 좌파적 논리, 포퓰리즘이라는 형식 논리로 공격하는 상황은 이제는 시대 흐름과는 거리가 있는 의식이라고 본다.

출발부터 불평등을 넘어 양극화된 사회다. 성적과 학력 경쟁 위주의 교육수월성 정책은 교육양극화를 심화시킬 뿐만 아니라 궁극적인 교육경쟁력 강화에도 더 이상 유효하지 않다. 개인 간, 학교 간, 지역 사회 간 경쟁이 아닌 상호 협력·공존하며 집단지성과 집단지능, 집단경쟁력의 가치를 지향하는 함께 성장하는 포용교육이 교육양극화 해소와 새로운 교육경쟁력을 확보하는 전환점을 될 것이다. 앞서 언급하였듯이, 유네스코 국제미래 교육위원회가 '함께 그려보는 우리의 미래; 교육을 위한 새로운 사회계약(Reimagining our futures together; a new social contract for education, 2021)'의 보고서를 통해 강조한 정의로운 미래 교육을 위한 새로운 사회계약의 필요성과 이 새로운 사회계약은 인권에 근간을 두고 차별금지와 사회정의, 생명존중, 인간 존중 및 문화 다양성에 기초해야 하고, 또한 윤리, 호혜주의,

5) 17개 주(State)는 Arkansas, California, Delaware, Hawaii, Indiana, Kentucky, Maryland, Minnesota, Missouri, Montana, New York, Nevada, Oklahoma, Oregon, Rhode Island, Tennessee, Washington임.

연대를 포괄하는 공동의 사회적 노력(shared societal endeavours)이자 공동재(common good)로서 교육의 실현을 다시 한번 상기할 필요가 있다.

그리고 대한민국 헌법 31조 1항에는 "모든 국민은 능력에 따라 균등하게 교육을 받을 권리가 가진다"라고 되어 있다. 여기서 '능력에 따라'라는 의미는 교육의 목적에 근거하여 '개인의 발달 상황과 성장에 따라', 혹은 '개인의 관심과 적성에 따라' 등을 의미하는 것이지, 교육의 기회 균등 실현에 지장을 주는 부모의 사회·경제적 능력을 의미하는 것이 아니다. 따라서 개인의 열정과 노력이 아닌 부모의 사회·경제적 배경에 의해 대학교육의 접근을 저해하는 것을 국가가 적극적으로 나서서 해결해야 하는 것은 민주주의 국가의 책무이기도 하다.

이상과 같이 Ⅲ절에서는 인류가 직면하고 있는 전염병과 건강위기, 경제침체, 기후위기 등 혼합위기 시대, 우리 사회에게 던져진 시대적 키워드인 인구구조 변화, 제4차 산업혁명 및 포스트휴먼시대, 공유·연대사회, 포스트코로나·뉴노멀사회 등 사회적 변혁 동인이 저성장과 양극화 등으로 이어지고 있고, 이를 대전환시대로 규정하였다. Ⅲ절에서는 이러한 대전환시대 키워드가 지닌 현상과 대학교육에 주는 전망과 시사점을 정리해 보았고, 이를 간단하게 정리한 것이 〈표 Ⅲ-6〉이다.

〈표 Ⅲ-6〉 대전환 시대 키워드의 특징과 대학교육에 주는 시사점

시대 키워드	주요 특징	대학교육에 주는 시사점
1. 인구구조 변화	• 합계 출산율 급격한 감소로 인한 인구 급감과 인구절벽 현상 • 연령별·지역별 인구지형 변화 - 생산연령인구 양적 감소에 따른 저성장 위기 - 국가 불균형발전	• 대학에 대한 투자 확대를 통한 인적 자본의 질적인 향상 • 지역 간·계층 간 균형발전을 위한 대학투자 확대 • 대규모 연구중심 대학과 소규모 교육 중심 대학 간의 균형발전

시대 키워드	주요 특징	대학교육에 주는 시사점
2. 4차 산업 혁명 (포스트 휴먼시대)	• AI, 로봇 등 과학기술의 초연결, 초융합, 초지능으로 진화 • 디지털 경제, 데이터 경제, 스마트 경제, 플랫폼 경제 등 다양한 경제 패러다임의 변화 • 신성장 산업구조 개편 • 일자리 증감	• 새로운 융합형·협업형 인재상과 학력관 • 대학의 연계형 학과 및 학부 운영체제 및 그에 따른 교육과정, 교수학습, 교육평가 패러다임 재설계 • 과학기술 기반 학습생태계로의 대전환 • 국가혁신의 핵심 동력인 R&D를 위한 대학투자 확대
3. 공유·연대 사회	• 협력적 공유사회(Collaborative Commons) 등장 • 공유경제, 플랫폼 경제 확산 • 사회와 경제가 상호 협동 및 연대체제로 전환	• 집단창의성, 상호 협업능력, 소통능력 등이 강조되는 공유 교육철학의 중요성 부각 • 대학 간 네트워크 및 협력체제로 함께 성장하는 공유성장형 대학체제 구축 • 국제사회와의 공조하는 대학의 연계·협력체제
4. 포스트 코로나·뉴노멀 사회	• 경제 분야에 미친 영향 - 세계 경제 침체와 저성장, 글로벌 가치사슬(GVC) 재편과 보호주의 확산, 소득과 자산의 양극화 심화, 국가재정 확장정책에 따른 국가부채 증가 • 산업 분야에 미친 영향 - 국제관광산업, 항공산업, 에너지 산업 등 위축, 제조업 및 도소매업 위기, 온라인 수요 확대와 비대면 생활물류서비스 산업, 택배업 등 급성장 • 노동 분야에 미친 영향 - 고용불안, 재택근무 및 유연근무 확대, 필수노동자 업무 부담 과중 • 사회 분야에 미친 영향 - 비대면 문화 확산, 갈등 및 저항 확대, 사회연대 약화, 낮은 삶의 질과 낮은 행복도, 개인의 라이프스타일 변화, 정신건강 악화	• 혼합형 학습(blended learning)으로 학습의 접근성, 해외 유학생의 입국 관리, 대학 방역체제, 대학생의 코로나 블루, 연구 활동 위축, 대학의 재정위기 등의 쟁점에 대한 긴급한 대처 • 온·오프라인 융합 및 혼합교육, 가상현실(VR), 증강현실(AR) 활용 교육, 디지털 기반 학습공간 등 디지털 기반 교육환경 생태계 재설계 • 전염병, 기후 재난, 국제 경제 침체 등 국제 사회 당면 의제 중심으로 학습하고 논의할 수 있도록 국가 간 '국제 핵심 교양과정(Global Core Curriculum)' 공동 운영 • 대학 학비 보조 강화

시대 키워드	주요 특징	대학교육에 주는 시사점
5. 양극화	• 2008년 이후 금융위기, 2019년 코로나 팬데믹 이후 세계 경제 침체로 불평등과 양극화 심화 • 각자도생의 경쟁과 배제의 논리가 지배한 신자유주의 패러다임 확산이 양극화 현상 촉진	• 지식의 자본화 현상 가속화, 대학 서열주의, 학벌주의 고용 관행, 불공정한 교육경쟁 구조 등으로 지역 간·계층 간 교육양극화 고착화 • 개별 대학 간 경쟁구조가 아닌 대학 간 상호 협력·공존하며 함께 성장하는 포용적 대학체제로 새로운 대학경쟁력 모색 • 취약계층 자녀는 물론 중간계층 복원을 위한 교육복지 지원 강화

한국 대학체제의 새판 짜기

- 공유성장을 위한 대학체제 대전환을 위하여 -

한국 대학체제가 공유 성장해야 하는 이유는?

IV

한국 대학체제의 새판 짜기

- 공유성장을 위한 대학체제 대전환을 위하여 -

IV 한국 대학체제가 공유 성장해야 하는 이유는?

1 역사적 변혁의 두 물결

우리나라가 지난 1960년대 이후 경제개발시대를 거치면서 단기간 내 압축 고도성장을 달성한 것은 이미 알려진 사실이다. 이러한 압축 성장 발전 전략은 국가 주도의 기획과 자원 배분을 통해 단기적인 성장 효과는 달성하였다. 산업사회에서는 이러한 압축 성장 위주의 국가발전전략이 유효하게 작동되었던 시기이기도 하다. 하지만 이러한 압축 경제 성장 효과는 지역적·계층적 불균형을 심화시키는 부작용을 초래하기도 하였다.

그 이후 30년이 지난 1990년 전후에서 우리는 탈냉전체제로의 전환, 지식기반사회의 도래, 세계화 담론 및 신자유주의 사고의 확산 등 국제적 변화와 민주화 과정을 거쳤고, 1997년 후반 국제통화기금(IMF) 관리체제라는 국가 경제위기 등 국내적 환난을 경험한 바 있었다. 압축 경제 성장의 결과에 심취한 당시 문민정부는 세계 정치경제 질서체제의 변화에 능동적으로 대응하고 선진 경제와의 협력을 강화한다는 취지로 자신감 있게 1996년 OECD에 가입하게 되었다. 물론 당시 OECD, WTO, APEC, ASEM, EU, NAFTA 등과의 국제협력의 필요성이 확산되었고, 국제 경제가 세계화와 개방화되어 감에 따라 이에 능동적으로 대응해야 하는 시대적 상황이기도 하였다. 국가 간 경계가 모호해지는 세계화 추세, 지식기반사회로 국가사회의 전반적인 패러다임이 변화되면서 정부 주도의 발전전략에도 한계가 있음을 인식하게 되었다.

하지만 우리나라는 1년 만에 외환 보유고가 바닥나게 되었고, 기업의 파산이나 부도, 대량 실직 등 치명적인 경제위기 상황으로 치닫게 되어 1997년 11월 22일 국제통화기금(IMF)으로부터 구제금융을 받게 된 역사적으로 치욕스런 경험을 하게 된다. 대한민국은 이른바 정치·경제·사회·문화·행정 등 여러 분야에서 국가의 역할과 능력이 작동되지 않은 것이다. 우리나라로서는 유사 이래 가장 치욕적인 상황이었지만, 국민의 정부가 마침내 3년 9개월만인 2001년 8월 23일에 국제통화기금(IMF)으로부터 빌린 긴급자금 가운데 마지막으로 남은 잔액을 상환함으로써 경제위기의 늪에서 벗어난 뼈아픈 경험이 있다. 지금도 우리 국민은 IMF 사태로 인한 커다란 상처가 남아 있다.

1960년대 이후 압축 성장 시대, 1990년대 세계화, 개방화, 경제위기로 인한 IMF 사태, 그리고 또 다른 30년이 지난 현재는 혼합위기 시대와 동시에 인구절벽 등 인구구조 변화, 4차 산업혁명 및 포스트휴먼시대, 공유·연대사회, 포스트코로나 및 뉴노멀사회, 저성장과 초양극화 시대 등 새로운 대전환시대를 맞이하고 있다. 실로 우리는 30년 주기로 시대 격변기의 중요한 순간을 맞이하며 살아가고 있는 셈이다.

이러한 새로운 대전환 시대에 중요한 시대 정신은 무엇인가? 바로 공유, 연대, 네트워크, 협업, 협력 등으로 압축될 수 있다. 여기서는 국가 간, 국가 내 공유·연대의 가치가 부각된 두 가지 역사적 큰 물결이자 대사건을 2008년 글로벌 금융위기와 2011년 글로벌 재정위기 등 2010년대 초반의 세계 경제침체 국면과 2019년 이후 전 세계를 점령한 코로나 팬데믹으로 더욱 촉발된 2020년대 혼합위기 국면에서 찾아보고자 한다.

가. 2010년대 전후 세계 경제침체와 초국가적 공유·연대의 필요성

우선 지난 2008년 미국 경제로부터 촉발된 세계 경제 침체 국면 이후, 2011년에 포르투갈, 이탈리아, 그리스, 스페인 등 유럽 국가의 재정위기,

99대 1로 대변되는 '월가 점령(Occupy Wall Street; We are the 99%)' 시위, 그리고 2012년 미국의 국가채무 불이행 위기 등의 세계경제공황을 경험하면서 양극화와 불평등 구조가 국제사회의 커다란 쟁점이 되었고, 우리나라도 예외가 아니었다.

2008년 9월 리먼 브러더스 파산으로부터 시작된 미국발 금융위기는 한마디로 미국 부동산 버블 붕괴와 이에 따른 모기지론의 부실화, 그리고 모기지론의 증권화가 결합되어 발생한 역사적 대사건이다. 2000년대 초 미국 정부는 닷컴 버블(Dot-com bubble, IT 버블) 붕괴, 9·11 테러, 아프간, 이라크 전쟁 등으로 악화되고 있는 경기를 부양하기 위해 초저금리 정책을 실시하였고, 그에 따라 낮은 금리로 대출을 받아 주택을 구입하는 수요가 급증하여 주택 가격이 폭등하였다. 주택가격이 폭등하자 돈을 빌려줘도 부동산으로 갚을 수 있다고 생각한 금융기관들이 신용이 낮은 저소득층에게도 주택담보대출을 제공하였고, 대출 은행들은 이러한 주택담보대출 자산을 기초자산으로 증권을 발행하여 리먼 브러더스와 같은 투자 은행에게 판매하였고, 투자 은행들은 다시 이러한 증권을 기초자산으로 파생상품을 만들어 전 세계 투자자에게 판매하였다. 하지만 2004년 미국 정부가 달러화 가치 하락과 인플레이션 압력에 대응하기 위해 저금리 정책을 종료하면서 미국 부동산 버블이 꺼지지 시작한 것이다. 부동산 버블이 붕괴되자 서브프라임 모기지론을 배경으로 만들어진 증권(MBS, Mortgage backed Securities)과 파생상품(CDO, Collateralized Debt Obligation)에 투자한 대출 은행, 투자 은행, 투자자들이 자금을 회수하지 못해 줄줄이 파산하게 되었다. 이들의 파산으로 글로벌 금융위기가 발생하였고, 1929년의 세계 경제 대공황에 버금가는 세계적 수준의 경제 혼란과 경기침체를 초래하였다. 당시 리먼 브러더스와 메릴린치 등에 투자했던 우리나라의 금융기관들에게도 손실을 주는 등 당연히 우리나라 경제에 상당한 영향을 끼쳤다(행정안전부 국가기록원, 글로벌 금융위기 설명자료, 2022년 9월 20일 자).

2008년 글로벌 금융위기 이후 세계를 위협하고 있는 위험요인과 대비책을 보고한 세계경제포럼(WEF/다보스포럼)의 '2014년 글로벌 리스크(Global Risk)' 보고서의 내용이 시사하는 바가 크다. 다보스포럼은 2008년 금융위기 이후 세계를 위협하고 있는 위험요인에 대해 주요국의 재정위기, 실업, 주요 금융 메커니즘, 금융기관의 위기 등 경제적 요인 세 가지, 기후변화, 물 부족, 기상이변 등 환경적 요인 세 가지, 식량 부족, 소득 격차, 정치·사회적 불안 등 사회적 요인 세 가지 그리고 글로벌 거버넌스 위기를 포함한 지정학적 요인 등 10대 위협요인을 선정하였다(박진, 2014, p.12). 여기서 주목할 점은 다보스포럼이 향후 10년간 위협할 세계 양극화, 잃어버린 세대, 디지털시대 위기 등으로 보고, 이에 대한 대비가 필요하다는 점을 강조하였다는 사실이다. 지나친 경제적 실용주의(economic pragmatism)는 자칫 자국 내 갈등이나 글로벌 거버넌스 악화 등을 야기하여 양극화를 심화시킬 것이고, 2010년대 이후를 맞이하는 세대들은 높은 실업률과 불안정한 고용시장으로 인해 미래를 설계하기 더욱 힘들 것이며, 사이버 공격 등에 대비해야 한다는 것이다(박진, 2014, p.13).

결국 세계에서 가장 보수적인 모임이라고 하는 세계경제포럼(WEF)에서도 2008년 글로벌 금융위기로 세계적 양극화 문제가 심각하게 부각될 것이고, 이에 대한 대비가 필요하다고 인정한 것이다. 경제체제가 세계화·개방화된 상황에서 세계경제침체를 극복하기 위해서는 초국가적 협력과 협업에 기반한 글로벌 거버넌스(Global Governance) 개편의 필요성이 제기된 것이다.

한편 2011년 유럽 재정위기 상황은 2010년 초 그리스가 EU와 IMF에 구제금융을 요청하면서 시작되었고, 각국의 강도 높은 긴축과 유로존의 공동대응에도 불구하고 유럽 국가들의 연쇄적인 국가 부도 위기를 직면하게 된 사건이다. 그리스 재정적자 이후 아일랜드와 포르투갈이 연이어 구제금융을 지원받을 정도로 상황이 악화되었고, 이탈리아와 스페인까지 신용등

급이 강등되고 국채금리가 치솟으면서 위기가 전염되는 상황이 되었다. 개별국가 간의 연합체와 연방 국가의 중간 성격으로 구성된 EU의 독특한 운영체제라는 특성이 있었지만, 이로 인한 정책 결정의 모호함이 위기의 원인을 제공하였다. 따라서 재정위기를 해결하기 위해서는 중장기적으로 개별 국가뿐만 아니라 유로존 운영체계의 개혁이 필요하다는 의견이 지배적이었다(강유덕·김균태·이철원·오태현·이현진, 2012). 2011년 유럽 재정위기의 원인은 개별 회원국의 거시 경제적 요인과 유로존 내부의 구조적 요인, 그리고 정치적 요인 등 다양한 요인이 복합적으로 작용한 결과이겠지만, 근본적으로 EU 체제에서 한 국가의 재정위기가 해당 국가만의 문제가 아닌 EU 체제 전반에 연쇄적으로 영향을 주는 상황이었다는 점을 주목해 볼 필요가 있다. 유로존 운영체제의 개혁 방향은 통화공동체 유지를 위한 회원국 간의 정책조율과 공유·연대체제를 강화하는 데 초점을 두어야 한다는 인식이 강하게 제기되었다.

2008년 미국발 글로벌 금융위기, 2011년 유럽 재정위기 등 세계 경제침체는 전 세계의 소득 양극화와 불평등 문제로 이어져 전 세계 모든 시민의 분노를 표출하는 계기를 만들었다. 2011년 9월 17일 미국 뉴욕에서 1,000여 명이 '월가를 점령하라'라는 구호를 통해 미국 소득계층 최상위 1% 경제·엘리트의 탐욕이 가져온 금융위기 피해가 나머지 99%에 돌아갔다며 월가를 점령한 사건이 발생하였다. 그 이후 이러한 목소리는 미국을 넘어 영국 런던, 프랑스 파리, 독일 베를린 등 전 세계로 확산되기도 하였다. 그리고 2012년 10월, 미 의회가 2013년 예산안 합의에 실패함에 따라서 미 연방정부는 셧다운(폐쇄)의 위기에 빠진 적이 있었다. 당시 미 의회가 미 연방정부의 부채 한도를 상향 조정하지 않게 되면, 미 연방정부는 만기가 도래하는 부채를 상환하지 못하는 이른바 국가채무 불이행의 위기 상황을 맞이한 적도 있다.

결국, 2010년 전후한 시기에 미국발 글로벌 금융위기(2008년), 유럽 국가의 재정위기(2011년), 월가 점령 시위, 미국의 국가채무 불이행 위기(2012년) 등으로 전 세계는 1929년 경제 대공황에 버금가는 세계경제공황을 경험하였고, 이러한 상황은 국가 간, 국가 내 경제·사회 양극화와 불평등을 가속화시켰으며, 이를 극복하기 위해 국제사회는 초국가적 협력과 연대를 요구하게 되었다.

세계 경제침체로 인해 경제·사회양극화 현상이 가속화되는 상황에서, 우리나라는 성장 위주의 경제정책과 새로운 복지 요구와 논쟁이 불거지기 시작하였다. 당시 이명박 정부는 낙수 정책(trickle down policy)과 재벌기업 위주의 성장 제일주의 정책을 추진하였고, 그 이후 경제성장률 저하와 더불어 제한된 성장이나마 그 과실이 소수에게만 집중되는 현상이 발생하였다(장수명·정충대, 2012)[6]. 그리고 양극화가 심화하는 상황에서 2011년 반값등록금을 위한 거리 시위 확산과 전면적 무상급식에 관한 서울시의 주민투표 사건 등을 전후로 보편적 복지와 선별적 복지에 대한 논쟁이 국가·사회적으로 초미의 관심거리가 되기도 하였다. 교육복지정책을 논의하는 과정에서 '무상'이라는 단어를 사용함으로써 공짜라는 의미의 무상이라는 어휘로 표현되어 교육복지 논쟁이 복지 포퓰리즘 논쟁으로 전개되는 양상을 보이기도 하였다(반상진 외, 2012). 하지만 양극화 문제를 방치하는 것은 사회적 결속의 붕괴는 물론 국가 공동체의 파괴라는 미래를 피하기 어렵기 때문에, 양극화 해소를 위한 사회적 안전망은 필수적이고, 이를 확보하기 위한 근본적인 대책이 바로 복지정책이라는 인식이 확산하는 시기이기

6) 지난 이명박 정부 4년(2008~2011년) 동안 삼성, 현대자동차, SK 등 국내 10대 재벌의 연평균 매출액 증가율은 13.0%로 참여정부의 3.1%에 비해 4배 이상 높았고, 10대 재벌그룹의 계열사 수도 참여정부 동안 379개이었지만, 이명박 정부 4년 만에 581개로 급증했다. 그리고 국내총생산(GDP)에서 10대 재벌의 매출액과 자산이 차지하는 비중도 69.1%로 참여정부의 52.6%에 비해 16.5%포인트 높았다(경향신문, 2012. 9. 16 일자). 이는 출자총액제한제도 폐지, 금융·산업자본 분리 완화, 수출 대기업에 유리한 환율정책 등 이명박 정부의 기업 친화적 정책이 대기업의 경제력 집중도를 더욱 심화시키는 원인으로 작용하였고, 이는 상대적으로 양극화 심화 현상을 의미하기도 한다(반상진 외, 2012).

도 하였다.

이 시기에는 무한 경쟁체제로 발생한 국가 간, 국가 내 불평등과 양극화 심화 현상을 극복하기 위하여 새로운 패러다임을 요구하는 물결이 거세지기 시작했다. 이미 알려진 바와 같이, 신자유주의 세계화 네트워크의 옹호자들은 세계경제포럼(WEF)이라는 초국적 공간을 통해 친시장적 원칙과 규범을 만들고 정치-관료-재계 엘리트들 사이의 유대를 강화함으로써 국제경제정책 결정 과정에 강한 입김을 행사하여 왔다. 하지만 이러한 세계경제포럼이 지난 2012년 1월 다보스에서 신자유주의 패러다임 자본주의의 실패를 선언한 바 있다. 금융자본의 도덕 불감증, 정부의 무책임 등이 어우러져 자본주의가 고장 난 채 돌아가고 있다는 것이다. 1930년대 대공황 직전 이후 불평등과 양극화가 가장 심각한데, 문제는 자본주의 체제에서는 이제 쓸 수 있는 처방이 없다는 점을 인정한 것이다(반상진 외, 2012).

더 이상 정치 이념적 논쟁에서 벗어나 서로 협동하고 연계하는 공존시스템을 구축하여 승자독식이 아닌 함께 공유하는 사회가 요구되는 시대적 상황을 맞이한 것이다. 우리의 경우에도 2010년대 초 이후에는 그동안 신자유주의 노선을 견지하던 '큰 시장, 작은 정부' 대신 '복지국가와 경제민주화' 가치 확산의 필요성이 제기되었고, 정부의 조정과 지원기능을 살려 시장 권력을 제어하자는 분위기가 부각된 것이었다. 특히 이익 추구가 주목적인 시장 권력이 미래지향적이고 가치 지향적인 교육에 개입하는 것은 바람직하지 않다. 시장 권력은 교육을 통해 사회적 양극화를 심화시키고, 교육의 공공성을 훼손시키는 등 부작용이 더 크다는 것이 입증되었기 때문이다.

그로부터 10년이 지난 지금의 세계는 과연 변했을까? 경향신문 2021년 9월 14일 자 보도에 따르면, 경제를 무너뜨린 상위 1%는 합당한 의무를 지지 않은 채 더 배를 불렸고, 코로나 19 대유행은 가난한 자들의 주머니를 더 가볍게 만들었다. 세계에서 100만 달러(약 11억 원) 이상 자산을 보유한 백만장자는 매년 늘어나 올해 5,610만 명을 기록했다. 성인인구 대비 백만

장자 비율은 처음으로 1%를 넘어섰다. 1일 생활비 1.9달러(약 2,200원) 이하로 살아가는 극빈층은 백만장자 수보다 훨씬 빠른 속도로 늘고 있다. 특히 팬데믹(세계적 대유행)이 시작된 2020년은 조사 이래 극빈층이 가장 많이 증가한 해였다. 지난해 극빈층은 약 1억1,400만 명이 늘어 7억 2,900만 명으로 조사됐다(이윤정, 2021).

인류사에 없어지지 않는 것이 강자 중심의 지배구조와 그에 따른 불평등 사회라는 구조적인 문제일지도 모른다. 우리 인류는 2010년 이후 세계 경제침체를 경험하면서 양극화 극복을 위한 초국가적 협력과 연대를 강조하면서 세계 질서가 개편되는 듯하였지만, 오히려 양극화가 심화하고 있음은 우리 인간이 가진 내적 모순 사고에 기인하는 것인지 여전히 의문이다. 이러한 상황에서 2019년 코로나 팬데믹은 우리 인류를 더욱 어려운 국면으로 치닫게 만든 역사적 사건으로 기록될 것이다.

나. 2019년 코로나팬데믹 이후 혼합위기와 초국가적 공유·연대의 필요성

국가 간, 국가 내 공유·연대의 가치가 부각된 두 번째 역사적 대사건은 바로 우리가 현재 경험하고 있는 코로나 팬데믹 이후 혼합위기 국면이다. 이 와중에 2022년 2월 발발된 러시아-우크라이나 전쟁은 세계 경제를 시계제로로 만들고 있다. 이 전쟁으로 전 세계는 현재 유가 상승과 곡물, 에너지, 원자재 가격 상승과 더불어 글로벌 공급망 교란으로 인플레이션 우려가 증폭되고 있고, 물가상승과 경기침체가 동시에 나타나는 스태그플레이션 압력이 고조되고 있다. 코로나 팬데믹으로 전 세계가 봉쇄되면서 경제적 어려움을 겪고 있는 상황에서 기름을 부은 격이다.

코로나 19가 전 세계를 점령한 현재 상황은 국가 간 방역 협조 없이는 더 이상 코로나의 공격으로부터 해결할 수 없는 국면에 처해 있다. 코로나 팬데믹 초기인 2020년에는 K-방역의 진가를 전 세계에 보여주기도 하였다. 드라이브 스루와 워킹 수르 방식의 선별진료소, 신속한 한국 진단검사 개발, 생활치료센터 운영, 확진자의 동선 추적 등 다양한 아이디어가 다른 나라에게 모범 사례로 언급되기도 하였다. 사재기도 없이 서로 배려하는 우리 국민의 역량은 더욱 빛이 났다. 당시 한국 사회가 민주성, 투명성, 고도의 대처 역량, 적극적인 정부 역할을 보여줬다는 국제사회의 평가가 잇따르기도 하였다. 물론 2023년 3월 12일 현재 한 달(28일) 동안 한국의 코로나 확진자 수가 290,039명(총 30,615,522명) 수준으로 미국(960만 명), 일본(419만 명), 독일(355만 명) 다음으로 많은 확진자가 발생하고 있지만, 코로나 19초기에는 방역체제에 대한 한국의 위상이 높았던 것은 사실이다(John Hopkins University Coronavirus Resource Center, 최종 검색일 2023. 3. 12).

여기서 교육과 관련하여 제기되는 문제의식은 오래전부터 우리의 교육이 창의적이고 잠재력이 있는 인재를 양성하지 못했고, 입시 위주의 경쟁교육으로 상호 협력하고 배려하는 문화 부재 등의 비판에 대한 재성찰이 필요하다는 점이다. 코로나 팬데믹에 대한 우리의 초기 방역 대응을 경험하면서 우리 국민이 과연 창의적이지도 않고 잠재력이 없는 것이 아니라 우리 국민 개개인이 자신의 능력을 발휘할 수 없었던 사회문화와 제도에 문제가 있었던 것은 아닌가? 하는 의문이 들었다. 우리 국민의 창의적 역량 수준이 교육내용의 문제가 아닌 교육제도에 있다면 정부가 해야 할 일이 많다. 노벨경제학상을 받은 스티글리츠 교수(2013)가 강조한 "정부의 가장 중요한 역할은 게임의 공정한 기본 규칙을 정하는 것이다"라는 부분을 되씹어 볼 필요가 있다. 정부가 교육제도나 정책을 통해 공정한 게임의 규칙을 정하고 작동시킨다면 국민의 창의성과 잠재성을 더욱 발휘될 수 있기 때문이다.

중요한 것은 코로나 팬데믹 이후 우리에게 더욱 다가온 위기는 전염병 등 건강위기뿐만 아니라 기후위기, 경제위기 등 혼합적인 난제로서 단기간에 끝날 것은 아니라는 사실이다. 특히 코로나 팬데믹으로 인해서 국가 간의 이동과 사람의 이동이 어려워지고 있고, 각국이 보호무역주의를 통해 국가 간 장벽을 높이는 현상이 강화되고 있어 혼합위기 상황은 더욱 심화될 전망이다. 무엇보다도 코로나 팬데믹은 보건의료만의 문제가 아니라 정치, 경제, 사회 모든 영역에서 대응해야 하는 공동체의 문제다. 이러한 난제를 중장기적으로 극복하기 위해 국내적으로는 정부와 기업, 노동계와 시민사회 등이 상호 관계의 나눔을 통해 신뢰를 쌓고, 부족한 자원에 따른 양극화를 완화시키는 사회적 자본이 필요하다. 우리는 이미 코로나 팬데믹 상황에서 자발적인 참여와 봉사 정신으로 손수 바느질한 마스크를 나눠주고, 임대료를 깎아주며, 기부와 함께 의료봉사에 자원하고, 의료인을 위한 국민의 응원 메시지 등 국민의 자발적인 노력과 희생이 함께 했음을 경험한 바 있다. 연대와 협력은 이제 필수인 시대적 과제인 셈이다.

코로나 팬데믹 속 국제사회의 연대·협력의 필요성이 제기된 것은 2020년 9월 4일 유엔총회에서 76개국이 공동 발의하고 채택한 「유엔, 회원국 의회, 국제의회연맹 간 상호 협력」에 대한 결의안(이하 '2020 의회 협력 유엔 결의안')을 주목할 필요가 있다. 해당 결의안은 코로나 19라는 공중보건 위기상황에서 국민에 대한 보호와 지원을 위한 정책 수립 및 감독을 담당하는 의회의 역할을 강조하고, 인권과 민주주의 증진, 법의 지배 강화, SDGs 실천 등을 위한 의회 협력을 과제로 제시하고 있다. 나아가, 각국 의회, 유엔, 국제의회연맹(IPU)이 정례적 협력을 이어갈 것을 주문하고 있다(최정인, 2020). 이는 코로나 19로 인한 전 세계적인 비상상황에서 국제사회가 본격적으로 움직인 사례 중의 하나이기도 하다.

한편 기후위기의 심각성은 더 이상 물러설 수 없는 세계적 의제가 되었다. 2021년 10월 31일부터 11월 13일까지 영국 글래스고에서 개최된 제26차 유엔기후변화협약 당사국총회(COP26)는 '글래스고 기후합의(Glasgow Climate Pact)'를 채택하였으며, 각국 정부 및 민간부문 참여자들은 온실가스 감축과 탈 탄소 투자에 관한 선언을 발표하며 전 지구적인 기후변화 대응 노력을 강조하였다. 글래스고 기후합의는 개도국의 기후변화 적응(adaptation)에 대한 지원 강화, 온난화 억제 목표 달성을 위한 감축(mitigation) 목표의 추가 상향, 석탄 및 화석연료 의존도 축소, 기후재원 확대 등의 기조를 반영하였다(문진영·이성희, 2021, p.2).

실제로 기후위기로 인류가 경험하는 현실은 참담하다. 2022년 5월 하순에 스페인에서 34℃를 넘어서는 등 남유럽에서 초고온 현상이 나타났고 대형 산불도 발생하였으며, 6월에는 프랑스와 이탈리아로 확대되어 43℃를 넘는 고온이 나타나서 각종 야외행사가 금지된 적이 있었다. 미국도 7월에 최고기온이 43도까지 치솟은 애리조나주를 포함하여 40도가 넘는 이상 고온현상에 20여 개 주에서 폭염특보가 내려졌고, 보스턴은 폭염으로 비상사태를 선포한 적이 있다. 2022년 8월 중국 장강과 라인강이 강바닥을 드러냈으며, 파키스탄도 전국토의 3분의 1이 물에 잠겼다. 이상 기후는 우리나라도 예외가 아니다. 지난 2022년 8월 8일에 서울 강남구에는 1시간에 116.0mm, 3시간에 225.0mm의 집중호우가 내리는 등 그 날 115년만에 서울에 닥친 집중 홍수로 인해 많은 피해가 있었고, 특히 신림동 한 주택 반지하에 살던 일가족 3명이 불어난 물에 갇혀 참변을 당한 사건은 우리 사회에 큰 충격이었다. 기후변화의 재앙은 예외 없이 전 지구적으로 발생한다는 사실을 더욱 체감하고 있다. 연합뉴스는(김영현, 2022.9.24.) 셰바즈 샤리프 파키스탄 총리가 2022년 9월 미국 뉴욕 유엔총회 연설에서 전체 온실가스에서 파키스탄의 배출량이 차지하는 비중은 1% 미만임에도 불구하고, 자국민이 홍수로 혹독한 대가를 치르고 있다고 주장한 내용을 보도한 적이 있다. 이와 같이 기후위기는 저개발국가, 소외계층 등 가난한 사람들에게 더욱 가혹하게 피해를 주고 있는 것이다.

서울경제 보도(정훈규, 2022년 7월 4일 자 보도)에 따르면, 기후변화로 인한 경제적 피해는 매년 증가하여 2021년 미국만 하더라도 허리케인 아이다로 인해 90조 원의 피해가 발생했고, 서부산불로 12조 원, 가뭄으로 10조

원 이상의 경제적 피해가 발생한 것으로 추산되었다. 탄소 중립을 하지 않고 온실가스 배출을 현재 수준으로 유지하게 되면 2070년까지 세계 경제 피해는 21경 4,000조 원에 이를 것으로 전망되고, 이 피해액은 현재 전 세계 경제적 부의 1/3에 해당하는 규모라는 것이다. 실로 기후위기는 곧 경제위기와도 직결되고, 특히 기후위기는 취약계층에게 더욱 가혹한 만큼 기후 및 환경위기는 양극화를 더욱 촉진 시키는 요인으로 작용한다고 보아야 한다.

코로나 팬데믹 이후 국제사회는 빈곤과 양극화, 기후위기, 에너지 자원을 둘러싼 무력 분쟁 등 코로나 19 이전에 오랫동안 직면해 왔던 수많은 과제 해결뿐만 아니라 코로나 19가 촉발한 새로운 위기에 대한 장기적인 대응역량과 회복력 구축 방안을 모색하는 새로운 국제질서가 필요한 시점이다. 아마도 지금까지 국제사회가 내놓았던 여러 해결책보다 훨씬 과감한 결단과 획기적인 국제공조 방안을 마련해야 할 시대가 된 것이다. 결국, 코로나 팬데믹이 인류에게 던져준 교훈은 초국가적 공유·연대의 필요성을 시대적 소명으로 삼아야 한다는 점일 것이다.

우리 교육의 현실을 다시금 직시해 보면, 우리 학교는 여전히 시험성적 지향의 경쟁교육에 몰입되어 있고, 대학서열구조와 학벌체제로 인한 고용의 불공정 구조로 과열 입시 경쟁체제가 고착화되어 있으며, 이는 결국 과다한 사교육비 지출, 초중등 공교육의 파행적 운영, 자살 증가, 인구의 수도권 집중 등 갖가지 교육적·사회적 초 양극화 현상을 발생시키고 있음은 주지의 사실이다.

2019년 코로나팬데믹 이후 대전환 시대를 맞이하였고, 향후 세계 질서 개편, 사회구조 급변, 개인 삶의 양식 변화 등은 기존의 사회변화와는 견줄 수 없는 변화 속도감과 다양한 양태로 전개될 것이다. 비대면성 확대와 라이프스타일 변화, 인공지능 보편화와 트랜스 휴먼의 등장 등으로 인간의 관계 구조뿐만 아니라 초지능 신인류의 탄생이 예견된다. 이는 더 이상 시험성적 우수자의 분업형 엘리트 인재가 우대받는 시대가 아님을 의미한다. 앞으로는 인간과 인간, 인간과 사회, 인간과 컴퓨터 등과의 연계 협력을 통해 집단지성과 집단경쟁력을 발휘할 수 있는 네트워크형 인재가 필요하다. 그에 따라 학력은 개인의 특성과 잠재 역량과 더불어 발전하는 네트워크 역량으로 재설계되어야 한다.

아울러 산업사회에 적합했던 지금의 대학체제로는 더 이상 교육과 연구의 기능을 담당할 수 없고, 새로운 패러다임으로 변모되어야 한다. 우리의 대학이 경쟁 중심의 시장 논리로 지배당하고, 취업만을 위한 도구적 장치로 해석되고 있는 상황은 이젠 종결되어야 한다. 앞서 살펴보았듯이, 공유·연대의 가치가 부각되는 역사적 두 물결은 향후 대학도 연계협력을 통해 새로운 체제 전환해야 한다는 시사점을 제공한다.

2 대학의 위기 상황 진단

오늘날 우리의 대학이 위기에 처해 있다는 사실에는 모두 공감을 한다. 하지만 일반적으로 대학교육을 논의할 때 국민 대부분의 인식은 대학입시에만 관심이 집중되어 있고, 대학체제가 어떻게 전환해야 하는지는 대학 구성원들을 제외하고는 별로 관심이 없는 것도 사실이다. 많은 국민은 수도권 중심으로 대학서열이 구조화되어 있는 그 자체를 인정하고 있기 때문에, 대학의 발전적 체제에 대해 국민적 공감대를 형성하기가 쉽지 않은 현실이다.

하지만 우리의 대학이 안고 있는 위기 국면은 대학 스스로 안고 있는 내부적인 문제로 기인하는 점도 있지만, 더욱 근본적인 원인은 구조적인 문제에 기인하는 바가 매우 크다고 본다. 따라서 여기서는 개별 대학이 아닌 대학체제 전반이 안고 있는 위기 상황을 다음과 진단해 보고자 한다.

가. 대학체제의 기초 체력 붕괴 위기

대학체제의 기초체력(fundamental) 붕괴로 인한 대학경쟁력의 저변이 약화되고 있다는 점이다. 대학체제의 기초 체력은 김종영(2021, pp.54-61)이 주장한 병목 사회론과 그 맥을 함께 한다. 그는 한국의 교육 지옥은 대학 병목 현상 때문이라고 지적한다. 그리고 그는 SKY 대학 중심의 지위 권력 독점화(대학 병목), 이들 대학은 수도권에 몰려있어 공간 권력 독점화(공간 병목), 이들 대학에 입학하기 위해서는 성적 중심의 줄 세우기 평가 권력의 독점화(시험 병목), 성적 중심의 대학선발체제로 인한 계급 권력의 독점화(계급 병목), 그리고 그 대학 졸업자들이 노동 시장에서 혜택을 받게 되는 직업 권력의 독점화(직업 병목)로 대학 병목체제의 구조를 구분하였다.

이 책에서는 대학서열구조, 학벌 중시 고용구조가 교육문제의 블랙홀이라고 진단하고 있고, 이러한 문제의식은 김종영 교수의 병목 사회의 개념과 연결된다. 여기서는 이러한 요인들이 우리 대학체제의 기초체력을 약화시키는 주된 요인으로 작용하고 있다는 점을 강조하고자 한다.

대학서열구조, 학벌 구조, 대학 병목체제의 구조 등 어떤 분류체제로 설명하든 간에 우리의 대학체제는 이른바 소수의 독점적 지위를 가진 엘리트 대학 중심, 나아가 인서울 대학만 대학으로 인정하는 사회적 분위기이다. 이로 인한 대학체제의 기초체력 붕괴 현상은 대학의 입학정원과 신입생과의 불일치 심화, 그에 따른 지방 소재 대학들은 공동화 현상으로 나타나고 있다.

실제로 학령인구 감소에 따른 대학입학정원이 신입생 수를 넘어서는 역전 현상이 본격화되고 있다. 교육부(2021. 05. 20)가 발표한 '대학의 체계적 관리 및 혁신 지원 전략'에 따르면, 초저출산이 본격화된 2000년대 출생자들의 대학입학 시기가 되면서 대학 입학 가능 자원 규모가 급격하게 감소하여 2021년이 대학 입학연령(만 18세) 인구(47.6만 명)가 입학정원(47.4만 명)에 2천 명 정도 많지만, 2022년부터는 미달하기 시작하여 2024년까지 급감기를 거쳐 2030년까지 유사한 규모를 유지할 것으로 예상된다([그림 Ⅳ-1]). 이른바 대학입학연령인구가 대학입학정원보다 더 많아지는 역전 현상이 발생한 것이다.

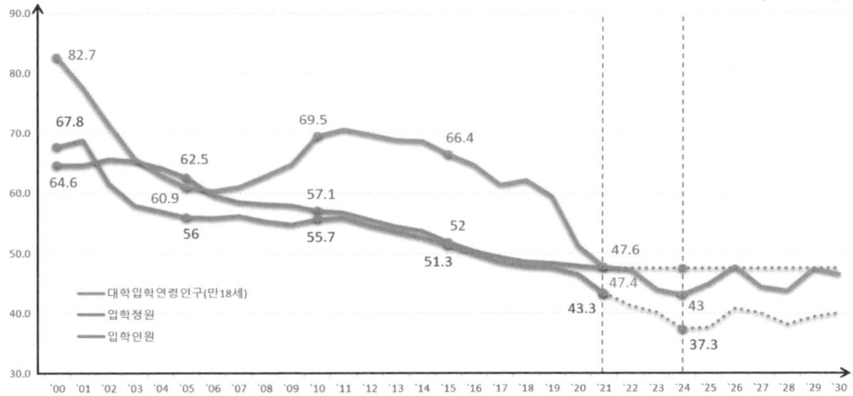

주: 입학 인원은 '21년까지는 실제 입학생, '22년 이후는 추계치

출처: 교육부(2021c). 학령인구 감소 및 미래 사회변화에 대응한 대학의 체계적 관리 및 혁신 지원 전략(5.20).

[그림 Ⅳ-1] 대학 입학 정원 및 입학 인원 추계(단위; 만 명)

하지만 보다 심각한 상황은 2021년 등록자 기준 전체 대학의 신입생 충원율은 91.4%(총 40,586명 미충원)이었고, 수도권보다는 비수도권, 일반대보다는 전문대에 미충원이 집중되어 있다는 사실이다. 〈표 Ⅳ-1〉에서 보듯이, 수도권 일반대(99.2%), 비수도권 일반대(92.2%), 수도권 전문대(86.6%), 비수도권 전문대(82.7%) 순으로 충원율이 양호한 것으로 나타나 비수도권 전문대에 미충원이 집중되어 있음을 알 수 있다.

이와 같이 대학의 입학정원과 신입생과의 불일치 심화 현상은 2022년 이후 현실화되었고, 대학 입학단계에서 수도권 일반대 집중화 현상은 가속화되고 비수도권 대학은 공동화 현상이 심화되고 있다. 비수도권 대학의 학생 미충원 증가는 대학 운영의 한계와 질 저하의 우려, 그에 따른 지역 경제 위축 및 일자리 감소 등으로 이어져서 지역 위기 및 지역 내 다른 대학의 경쟁력 약화로 연결되는 악순환이 됨으로써 우리나라 대학체제의 저변인 기본 체력이 위기 상황에 처해 있다.

〈표 Ⅳ-1〉 2021년 수도권/비수도권 충원율

(단위 : 명, %)

구 분	전체			일반대			전문대		
	모집인원	입학인원 (충원율)	미충원 (미충원율)	모집인원	입학인원 (충원율)	미충원 (미충원율)	모집인원	입학인원 (충원율)	미충원 (미충원율)
전국	473,189	432,603 (91.4)	40,586 (8.6)	318,013	301,617 (94.8)	16,396 (5.1)	155,176	130,986 (84.4)	24,190 (15.6)
수도권	190,066	179,938 (94.7)	10,128 (5.3)	122,065	121,036 (99.2)	1,029 (0.8)	68,001	58,902 (86.6)	9,099 (13.4)
비 수도권	283,123	252,665 (89.2)	30,458 (10.8)	195,948	180,581 (92.2)	15,367 (7.8)	87,175	72,084 (82.7)	15,091 (17.3)

주 : 2021년 입학 인원은 정원 내 입학생 기준으로, 정원 외 입학생 제외

출처 : 교육부(2021.5.20). 학령인구 감소 및 미래 사회변화에 대응한 대학의 체계적 관리 및 혁신 지원 전략(보도자료).

이러한 상황에서 교육부는 지난 2022년 9월 15일에 학령인구 감소에 선제적으로 대응하고 대학의 자율혁신·특성화를 통한 경쟁력 강화를 위해 일반대 및 전문대 총 96개교에서 자율적으로 적정규모화 계획을 수립하고, 2022~2025년까지 입학정원 16,197명을 감축한다고 발표하였다. 그리고 교육부는 이 같은 대학의 자율적인 적정규모화 노력을 뒷받침하기 위해 대학·전문대학혁신지원사업비 1,400억 원을 별도 지원한다는 것이다. 특히 적정규모화 지원금의 86%가량인 약 1,200억 원이 지방대학에 지원한다는 것이다(교육부, 2022. 9. 15 보도자료).

이번 적정규모화 계획에는 대상 대학 233곳 중에서 96곳(41.2%)이 참여했다. 수도권 참여 비율이 26.2%(84곳 중 22곳)로 가장 낮고, 충청권 참여 비율이 57.5%(40곳 중 23곳)로 가장 높았다(〈표 Ⅳ-2〉 참조). 앞서 교육부

(2021. 05. 20)가 발표한 '대학의 체계적 관리 및 혁신 지원 전략'에서는 수도권 정원감축을 유도해 수도권과 지방대학이 동반성장하는 생태계를 조성하겠다고 했는데, 1년이 지난 이번 적정규모화 계획에서는 수도권대학이 자발적으로 감축하겠다고 밝힌 입학정원은 1,436명 정도였고, 이는 전체 자발적 대학입학정원 감축 인원 12,454명의 11.5%에 그쳤다.

〈표 Ⅳ-2〉 권역별 적정규모화 계획

(단위 : 명)

권역	대상대학	참여대학	입학정원 감축	대학원 전환	성인학습자 전환	모집유보	합계
수도권	84	22	1,436	137	380	0	1,953
충청권	40	23	3,851	40	188	246	4,325
호남제주권	36	17	2,000	20	533	272	2,825
대경강원권	36	15	1,663	174	843	7	2,687
부울경권	37	19	3,504	62	393	448	4,407
합계	233	96	12,454	433	2,337	973	16,197

출처 : 교육부(2022.9.15.). 대학의 자율혁신과 자발적 적정규모화 추진을 적극 지원(보도자료).

교육부가 지향하는 정책 철학이 분명해야 한다. 대학체제의 기초체력 붕괴 위기를 극복하기 위하여 수도권과 지방 소재 대학이 규모 면에서 동반성장하는 생태계를 조성할 것인지, 적정규모화 계획이라는 4년간의 정책으로 상대적으로 지방 소재 대학의 입학정원만 감축하는 방향으로 이끌어 수도권과 비수도권의 대학입학 규모의 비대칭성을 더욱 강화시킬 것인지 교육부의 명확한 정책 지향점이 요구된다.

아울러 대학 입장에서는 적정규모화 지원금을 받기 위하여 입학정원을 감축하였지만, 4년 후 정책이 사라진다면 그 이후 입학정원 감축으로 인한 후폭풍에 대한 우려감도 깊다. 여기에 윤석열 정부가 집중적으로 추진하는 반도체 인력양성 정책으로 인해 수도권대학 정원 규제까지 완화된다면 결과적으로 지방 소재 대학 고사를 더욱 앞당길 것이라는 우려가 나오고 있다.

그동안 지방 소재 대학의 공동화 현상을 극복하기 위해 대학 간 자발적 노력이 있었다. 그에 대한 예로서, 지난 2020년 10월 15일 서울대를 포함한 강원대·경북대·경상대·부산대·서울대·전남대·전북대·제주대·충남대·충북대 등 10개 국립대학이 '거점국립대학교 학생 교류 활성화를 위한 협약'을 체결하여 2021년에는 온·오프라인 학점교류 확대 및 전체 국립대로 확대, 2022년 이후에는 공동학위제 및 복수학위제 활성화 방안을 발표한 바 있다(교육부, 2021년 국립대학 육성사업 기본계획). 그리고 2022년 9월 23일 국가거점국립대학교 총장협의회는 그간 공유성장형 국립대 연합체제 구축을 위해 학점교류의 시행과 확대를 모색해 왔던 10개 국가거점국립대학이 학점교류 협약 체결을 통해 '디지털 연합 교육체계'를 향한 단계적 실천을 구체화하겠다는 것을 발표하였다.

이러한 대학가의 움직임은 지방 소재 대학의 공동화 현상을 극복하고, 대전환 시대를 맞이하여 단순히 입학정원 감축이라는 기능적 접근이 아니라 대학 간 공유와 협력체제로 대학 간 벽을 허물고, 디지털 기반의 대학 혁신을 통해 대학교육의 새 패러다임을 만들어 나가자고 하는 능동적인 접근이라고 본다. 교육부는 수도권과 지방 소재 대학이 동반성장하는 생태계 조성을 위한 지원 강화로 근본적인 대학체제의 기초 체력을 강화하는 중장기적인 방안 마련이 시급하다. 하지만 현재 교육부가 추진하고 있는 '지역혁신중심 대학지원체계'(RISE; Regional Innovation System & Education) 사업이 지역 소재 대학체제의 경쟁력을 오히려 약화시킬 것이라는 우려가 있다. 왜냐하면 교육부는 이 사업을 통해 2027년까지 비수도권 지역에 30개 안팎의 대학을 '글로컬대학'으로 선정해 5년간 대학당 1천억 원 지원하겠다는 것이다. 그리고 글로컬대학으로 선정되려면 국립대의 시·도립화를 포함한 대학 스스로 쇄신과 혁신 의지를 교육부에 보여줘야 한다. 이 사업은 이명박 정부의 국립대 법인화 조치와 같은 국립대 경쟁력 약화를 초래할 가능성이 높은 매우 우려스러운 상황이고, 특히 지자체의 재정자립도 수준을 고려한다면(전국 평균 45.3%, 수도권 제외 36.5%) 국립대의 시·도립화가 실현 가능한가 하는 문제가 제기된다. 또한 이 사업은 제도 개혁으로 장기적으로 추진되는 것이 아니라 사업으로 추진하고 있는 만큼 5년 이후를 보장받기 어렵다는 우려가 있다.

앞서도 언급하였듯이, 우리나라가 압축 고도성장을 할 수 있었던 것은 재벌과 대기업 중심의 경제개발전략이 유효했다고 본다. 하지만 이제는 몇 개의 재벌이 한국경제를 이끌어 살 수 있는 나라가 아니다. 지속 가능한 경제체제를 갖추기 위해 경제의 기초 체력(fundamental)이 필요하고, 이를 위해 재벌과 대기업, 그리고 중소기업이 상생해야 하듯이, 대학체제도 SKY 대학이나 인서울 대학들이 향유해 왔던 독점적 권력구조에서 벗어나 다른 중소 대학, 지역 소재 대학과의 상생 발전을 모색하는 대학의 기초 체력 강화마련에 총력을 다해야 한다.

나. 대학의 재정위기

최근 교육계의 뜨거운 현안 중의 하나가 교육재정 정책이다. 윤석열 정부는 지방교육재정교부금 중 국세분 교육세 1.5조 원을 고등교육에 옮겨 「고등평생교육지원 특별회계」를 신설하였다. 아울러 현행 유·초·중등교육에 지원했던 내국세 20.79% 교부율도 조정하겠다는 것이다. 정부 당국은 초·중등 학생 수 감소로 인해 초·중등교육재정이 남아 대학으로 재정을 돌린다는 논리이다.

앞서도 언급하였듯이, 우리 사회의 당면한 중요한 과제 중의 하나가 생산연령인구 감소라는 인구지형 변화가 저성장의 늪에 빠질 가능성이 높기 때문에, 학령인구 감소로 교육재정을 감축하는 것이 아니라 오히려 과감한 교육투자 확대를 통해 인적자본의 질적 제고를 해야 지속 가능한 발전이 가능하다는 점을 강조하였다. 학령인구 감소 등 인구절벽의 현상을 국가재정 운영과 연계시키면 굳이 미래 세대를 위한 교육재정에만 축소하려는 정부의 의도도 설득력이 떨어진다.

여기서는 초·중등 교육재정을 고등교육으로 이전하려는 정부의 정책 방향을 논박하는 데 초점을 두기보다는, 고등교육재정이 절대적으로 부족하다는 점을 부각시키고자 한다. 정부가 의도하듯이, 지방교육재정교부금 중 1.5조 원과 일반회계 추가 전입금 2,000억 원 등 총 1.7조 원을 고등교육으로 옮긴다 하더라도 절대 규모가 부족하다는 점을 강조하고자 한다.

현재 대학재정이 위기 상황임은 분명하다. 대학재정 수입 중 등록금수입 의존율이 40.9% 정도(반상진, 2020d)인 대학의 입장에서는 대학 신입생 미충원 증가가 대학재정 압박으로 이어질 수밖에 없다. 연덕원(2021)의 연구 결과에 의하면, 2020년 사립대학 학부 등록금수입은 총 10조 2,953억 원 이었고, 학생 수가 감소함에 따라 등록금수입도 2024년 8조 9,981억 원(-12.6%), 2040년 6조 8,186억 원(-33.8%)으로 감소할 것으로 전망된다.

그에 따라 대학재정 운영 수지가 적자인 사립대학이 증가하고 있는 것으로 나타났다. 정부의 등록금 동결 및 인하 정책 결과가 결산에 반영되기 시작한 2012년부터 대학의 재정 악화를 심화시키고 있는 것이다. 최근 대학재정 운영 수지의 흑·적자 상황을 분석한 문보은 외(2020, p.194)의 연구 분석 결과에 따르면, 2012년 97개였던 운영수지 흑자 대학은 2015년 52개로 절반 가까이 감소하였으며 2018년 기준 36개로 크게 준 것으로 나타난 반면, 운영 수지 적자 대학의 경우 2012년 44개에서 2015년 89개, 2018년 105개(전국 141개 4년제 사립대 중 74.5%)로 크게 증가하였다([그림 Ⅳ-2]).

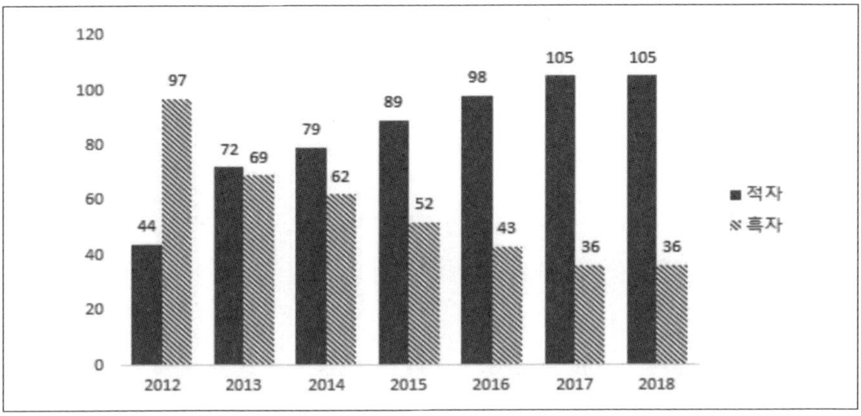

출처: 문보은 외(2020). p.194.

[그림 Ⅳ-2] 일반대학 운영 수지 흑·적자 대학 수 변화 추이(단위; 개)

한편 [그림 Ⅳ-3]에서 보듯이, 2년제 전문대학의 경우에도 2012년 72개였던 운영 수지 흑자 대학은 2016년 37개로 절반 가까이 감소하였으며, 2018년 기준 32개로 크게 감소한 것으로 나타난 반면, 운영수지 적자 대학은 2012년 41개에서 2016년 76개, 2018년 81개로 크게 증가하였다(문보은 외, 2020, p.204).

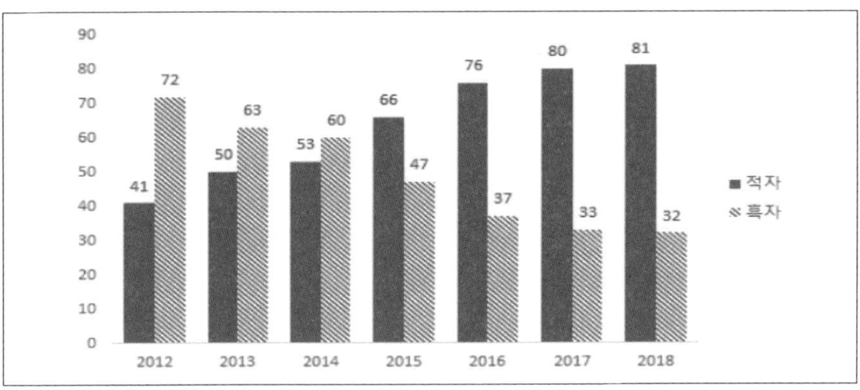

출처: 문보은 외(2020). p.205.

[그림 Ⅳ-3] 2년제 전문대학 운영 수지 흑·적자 대학 수 변화 추이(단위; 개)

하지만 대학이 재정 압박과 재정 운영 수지의 적자가 나는 주요 원인을 등록금 동결 및 인하 조치에서 찾는 것은 매우 우려스러운 진단이다. 일부 대학재정의 위기 상황을 돌파하기 위하여 대학등록금 자율화와 인상 방안을 제시하고 있지만, 이는 원인과 결과를 잘못 진단한 판단이다. 왜냐하면, 대학재정의 압박 위기는 세계 10위권의 경제 규모를 갖은 정부가 그에 걸맞은 대학투자를 하지 않기 때문이지 대학등록금 수준이 낮아서가 아니기 때문이다.

실제로 우리나라 대학등록금은 세계적인 고액 수준인 것은 이미 알려진 사실이다. 2019년 기준으로 한국의 대학등록금은 국공립대학 $4,814, 사립대학 $8,621로서, 국공립대학의 등록금은 세계 8위 정도였고, 사립대학의 등록금은 세계 4위 수준인 것으로 분석되었다(〈표 Ⅳ-3〉 참조). 2010년 전후에는 한국 대학등록금 수준이 세계 2~3위 정도로 고액이었지만, 그동안

〈표 Ⅳ-3〉 연평균 대학등록금 수준 국제 비교(2019)

구 분	국공립대학	독립형 사립대학
미 국	9,212	31,875
아일랜드	8,363	(미제공)
칠 레	8,131	7,203
일 본	5,144	8,741
호 주	5,031	9,239
캐나다	4,924	-
영국(잉글랜드)	12,255	-
한 국	4,814 (8위/25)	8,621 (4위/14)

주 1) 연평균 대학등록금은 GDP에 대한 미국 달러 PPP 환산액임.
2) 연평균 대학등록금은 학사학위과정 기준임.
3) 기준연도는 호주 2018년, 칠레, 한국 2019년, 영국, 미국 2018/19, 아일랜드 2020/21임.

출처: OECD(2022). *Education at a Glance : OECD Indicators*. C.5.

등록금 동결 및 인하 조치 등으로 상대적으로 순위가 낮아진 것으로 추정된다. 그럼에도 불구하고, 경제 규모는 세계 10위권인 한국의 대학등록금 수준이 세계 4~8위라고 하는 위치는 상대적으로 고액등록금임을 시사한다.

〈표 Ⅳ-4〉는 우리나라 대학등록금이 고액 수준임에도 불구하고, 대학생 1인당 공교육비 수준은 매우 미약함을 보여주고 있다. 표에서 보듯이, 우리나라 대학생 1인당 공교육비 지출액은 2019년에 $11,287로 2018년 대비 0.02%($2) 감소했고, OECD 평균($17,559)의 64.3% 수준일 정도로 낮았다.

〈표 Ⅳ-4〉 대학생 1인당 공교육비 지출액

기준연도	구분	대학생 1인당 공교육비 지출액	고등교육 국민 1인당 GDP 대비 비율
2019년	한국 (변화)	11,287 ▼2	26.2 ▼0.3
	OECD 평균	17,559	37.3
2018년	한국	11,290	26.6
	OECD 평균	17,065	36.9

주 : 1) 학생 1인당 공교육비 지출액 : { (정부재원 + 민간재원 + 해외재원 공교육비) / 재적학생(재학생+휴학생 등) 수 } / PPP*
2) 국내총생산(GDP)에 대한 구매력평가지수(PPP) : (2018년) 865.72원/$ → (2019년) 864.63원/$
3) 우리나라 국민 1인당 GDP : (2018년) $42,487 → (2019년) $43,045
4) 한국의 연도별 GDP : (2018년) 1,898.2조 원 → (2019년) 1,924.5조 원

출처 : 교육부(2022). 「경제협력개발기구(OECD) 교육지표 2022」 결과 발표. 보도자료(10. 3).

우리나라 대학등록금이 고액 수준임에도 불구하고, 대학생 1인당 공교육비 수준이 매우 낮은 이유는 〈표 Ⅳ-5〉에서 그 근거를 추론해 볼 수 있다. 표에서 보듯이, 2019년 우리나라 국내총생산(이하 'GDP') 대비 정부재원 고등교육 공교육비 비율은 0.6%로 2018년과 유사했으나 OECD 평균 0.9%보다 낮았다. 반면에 GDP 대비 민간재원 고등교육 공교육비 비율은

우리나라가 0.9%로서 OECD 평균 0.5%에 비해 높았다.

<표 Ⅳ-5> 국내총생산(GDP) 대비 고등교육 공교육비 비율

기준연도	구분	정부	민간	합계
2019년	한국 (초기재원) (변화)	0.6 (0.8) ▼0.0	0.9 (0.7) ▼0.0	1.5 - ▼0.0
	OECD 평균 (초기재원)	0.9 (1.0)	0.5 (0.3)	1.5 -
2018년	한국	0.6	0.9	1.6
	OECD 평균	0.9	0.4	1.4

주 : 1) GDP 대비 공교육비 비율 : {(정부재원 + 민간재원 + 해외재원 공교육비) / GDP*} x 100
2) 우리나라는 해외재원을 민간재원에 포함하여 산출하나 OECD 기준상 민간재원과 해외재원을 별도 산출하므로, OECD '합계'에는 해외재원이 포함되어 정부재원, 민간재원의 합과 일치하지 않을 수 있음.
3) 동 수치는 정부에서 민간으로의 이전지출*(예 : 장학금, 학자금대출 등)을 민간재원으로 포함하는 '최종재원' 기준으로, 정부에서 민간으로의 이전지출을 정부재원으로 포함하는 '초기재원' 기준 수치는 괄호( )로 별도 표기
* 정부에서 민간으로의 이전지출 : (초·중등교육) 0.03% / (고등교육) 0.24%

출처 : 교육부(2022). 「경제협력개발기구(OECD) 교육지표 2022」 결과 발표. 보도자료(10.3).

이것이 의미하는 바는 우리나라 대학재정이 낮은 정부재원(30위)과 높은 민간재원(6위) 구조로 되어 있고([그림 Ⅳ-4]), 고액의 대학등록금 수준으로 민간부담은 높지만, 정부 지원의 부족으로 대학생 1인당 공교육비 수준이 OECD 국가에서 하위권에 머무르는 근본적인 이유라는 사실이다. 이러한 사실은 고등교육 공교육비에 대한 정부지출-민간지출의 상대적 비율에서도 나타난다. <표 Ⅳ-6>에서 보여주듯이, 고등교육 단계에서 정부지출의 상대적 비율은 38.3%로 OECD 평균(66.0%)보다 매우 낮았지만, 민간지출 비율은 61.7%로서 OECD 평균(30.8%)보다 훨씬 높았다.

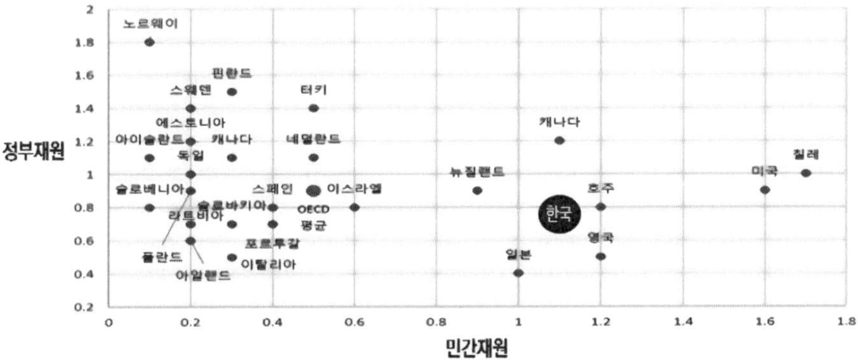

출처 : 반상진(2020d).

[그림 Ⅳ-4] 재원별 GDP 대비 고등교육비 비율(%)

〈표 Ⅳ-6〉 고등교육 공교육비 정부지출 - 민간지출의 상대적 비율

기준 연도	구분	정부	민간
2019년	한국	38.3	61.7
	(초기재원)	(53.8)	(46.2)
	(변화)	▼ 1.5	▲ 1.5
	OECD 평균	66.0	30.8
	(초기재원)	(73.3)	(21.8)
2018년	한국	39.7	60.3
	OECD 평균	66.2	30.1

주 : 1) 정부지출 비율 : (정부재원 공교육비 / 전체 공교육비) × 100
2) 민간지출 비율 : (민간재원 공교육비 / 전체 공교육비) × 100
3) 우리나라는 해외재원을 민간재원에 포함하여 산출하나, OECD 기준상 민간재원과 해외재원을 별도 산출
4) 동 수치는 ‘최종재원’ 기준으로, ‘초기재원’ 기준 수치는 괄호( )로 별도 표기

출처 : 교육부(2022). 「경제협력개발기구(OECD) 교육지표 2022」 결과 발표. 보도자료(10. 3).

다. 학생, 학부모의 대학교육비 부담 증가로 대학교육의 양극화 위기

앞서 언급하였듯이, 우리나라 대학등록금 수준은 세계 4~8위 정도로 고액 수준이다. 코로나 19 이후 경제침체로 인해 학생, 학부모 교육비 부담은 급속히 증가하는 상황이다.

일부 대학에서는 대학재정 위기를 해소하기 위해 등록금 자율화와 인상 조치를 요구하지만, 세계적 수준의 고액 대학등록금을 인상하는 것은 매우 부담스러울 수밖에 없다. 문제의 해법은 한국 경제 규모에 걸맞은 정부의 투자 의지가 관건이다. 우리나라 대학재정은 주로 민간이 지불하는 대학등록금 재원에 의존하는 재정구조의 문제를 우선하여 해결해야 한다.

실제로 지난 2020년 이후 코로나 19가 지속되는 가운데 모든 대학은 대면·비대면 병행 또는 전면 비대면 방식으로 수업을 진행해 왔고, 비대면 수업을 받았던 대학생들이 학교를 상대로 등록금 환불 소송을 제기하기도 하였다. 하지만 서울중앙지법은 2022년 9월 1일 전국대학학생회네트워크와 사립대 학생 2,700여명이 전국의 26개 사립대학과 국가를 상대로 낸 31억 3,600만원 규모의 등록금 환불 소송에서 원고 패소로 판결했다(한겨레신문, 2022년 9월 1일 자 보도).

코로나 상황이 아니더라도 대학생과 학부모 입장에서는 여전히 대학등록금 부담이 높은 것이 사실이다. 한국교육개발원이 실시한 2022년 교육여론조사 결과(권순형 외, 2022)에 따르면, 대학정책 중 향후 지속적으로 강조되어야 할 1순위 정책으로 전체 응답자는 대입제도 공정성 강화(25.0%)를 가장 많이 선택하였고, 다음으로 등록금 부담 경감(20.5%), 첨단분야 인재양성(12.8%) 등의 순으로 응답률이 높았다. 자녀가 있는 응답자의 경우도 1순위 대학정책으로 대입제도 공정성 강화(27.2%)를 가장 많이 선택하였고, 다음으로 등록금 부담 경감(19.4%) 순이었고, 대학생 학부모 응답자의 경우에도 1순위 정책은 대입제도 공정성 강화(31.6%) 다음으로 등록금 부담 경감(18.0%)을 지속적으로 강조해야 할 정책으로 응답하였다([그림 Ⅳ-5]). 참고로, 2019년까지 동일 교육여론조사에서는 1순위 대학정책이 등록금 부담 경감(33.0%)이었고, 다음으로 대입 전형 단순화 추진(20.9%) 등의 순으로 응답하였다.

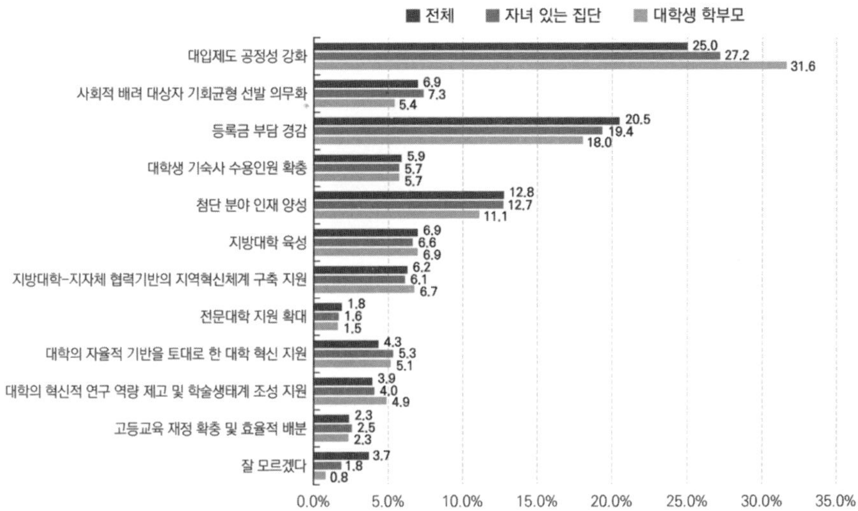

출처: 권순형 외 (2022, p.97).

[그림 Ⅳ-5] 대학정책 중 향후 지속적으로 강조되어야 할 정책(1순위, 2022)

교육부가 대학의 입장을 반영하여 대학등록금 인상을 고려하고 있지만, 현재 인플레이션 압박 등 경기침체로 등록금 인상은 쉽지 않은 선택지이다. 머니투데이의 보도(한인선, 2022년 7월 2일 자)에 따르면, 2022년 대학 평균 등록금은 676만 3,100원이고, 지난 14년 동안 등록금 동결 및 인하 조치를 취했지만, 워낙 세계적인 수준의 등록금이었기 때문에 여전히 학생과 학부모에게 등록금은 그동안 큰 부담이다. 2021년 전국대학학생회네트워크(전대넷)이 진행한 '2021 전국 대학생 설문 조사'의 결과는 '대학 입학 이후 가장 부담이 되는 지출 항목'으로 응답자의 38.4%가 등록금을 꼽았다. 통계청 가계동향조사에 따르면 2022년 1분기 기준 가구당 월평균 소득은 482만 5,000원으로 국가장학금 지원이 없다면 자녀 1명을 대학에 보내는 데 월 소득의 11.7%씩 저축하여 대학등록금 자원을 마련해야 한다. 이는 대학등록금 부담에 대한 실질적인 근거이기도 하다.

그리고 국가장학금은 4조 원 이상 지원하고 있지만, 코로나 19 이후 경제위기는 저소득층 대학생에게는 더욱 가혹한 것이 현실이다. 중앙일보(권혜림, 2022년 2월 8일 자)는 김회재 의원실의 학자금대출 현황을 분석한 자료를 보도하면서, 최근 5년간(2017~2021) 전체 소득 10분위 중 3분위 이하 저소득층 대학생 학자금대출 규모가 2조 8,802억 원(전체 학자금대출 6조 4,325억 원 중 44.8%)에 이르고, 이들은 등록금보다 생활비를 위해 학자금대출을 많이 받고 있다는 것이다. 저소득층의 경우 대학등록금은 국가장학금을 충당한다고 하더라도 생활비 부족으로 학자금을 대출받아야 하는 현실을 고려할 때, 대학 교육비 및 생활비의 양극화는 갈수록 심화되고 있음을 알 수 있다.

라. 지역 간, 학문 간 불균형 위기

지역 간 대학의 교육과 연구의 실질적 격차 수준은 이미 II장 3절에서 언급한 바 있다. 수도권과 비수도권 소재 대학 간의 교육과 연구의 격차가 대학의 내재적인 요인, 즉 대학의 교육과 연구성과의 부실화 등의 요인보다는 지방 소재 대학을 지잡대로 불리는 사회적 낙인 효과와 같은 외재적인 요인에 크게 영향을 받고 있음을 지적한 바 있다. 지역 소재 국립대학의 사례에서 보듯이, 국립대학은 흔히 비효율적이고 경쟁력이 떨어지는 대학으로 인식하고 철밥통이라는 사회적 비판이 있지만, 실질적으로 분석해 보면 서울 소재 주요 사립대에 비해 오히려 투자 대비 산출(투자 효율성)이 높은 대학임을 데이터상으로 나타난 결과를 앞서 II장에서 언급한 바 있다. 지역 소재 대학에 대한 낮은 사회적 인식은 그동안 교육부가 추진해 왔던 차등지원 지향의 서열화를 조장하는 대학평가의 결과와 사업 중심의 평가 지원체제가 지배적이고(반상진 외, 2018), 그 여파는 당연히 이른바 '지잡대'라 불리는 지역 소재 대학에는 불리한 결과를 초래하였고, 그에 따른 지역 소재 대학에 대한 낮은 사회적 인식과 학문 불균형 현상으로 나타났다.

실제로 최근 도종환 의원이 "대학 학과 통폐합, 지방대와 기초학문의 무덤(2022. 9. 19)"이라는 제목으로 발표한 보도자료에 따르면, 최근 3년 동안(2019~2021) 700개 이상의 학과가 폐과 또는 통폐합된 것으로 나타났다. 단순 폐과만 무려 230건(32.9%)에 달했다(〈표 Ⅳ-7〉 참조). 중요한 것은 비수도권 대학의 학과 통폐합 건수가 급격히 증가하였다는 사실이다. [그림 Ⅳ-6]은 지난 3년 동안 학과 통폐합은 수도권 대학은 총 161건, 지역 소재 대학은 총 539건이 진행되었음을 보여준다. 지역 소재 대학이 수도권 대학에 비해 가파른 증가세(119 → 158 → 262건)를 보여주고 있다.

〈표 Ⅳ-7〉 최근 3년간 연도별 학과 통폐합 현황

(단위: 개(건))

구분	2019	2020	2021	합계	비율
통합신설	25	51	63	139	19.9%
통합	4	12	8	24	3.4%
통합폐과	30	79	98	207	29.6%
분리폐과	18	41	41	100	14.3%
단순폐과	53	59	118	230	32.9%
합계	130	242	328	700	100.0%

주 : 교육부 제출자료. 2021년 7월 기준.
출처 : 도종환 의원실. 보도자료(2022.9.19.일 자).

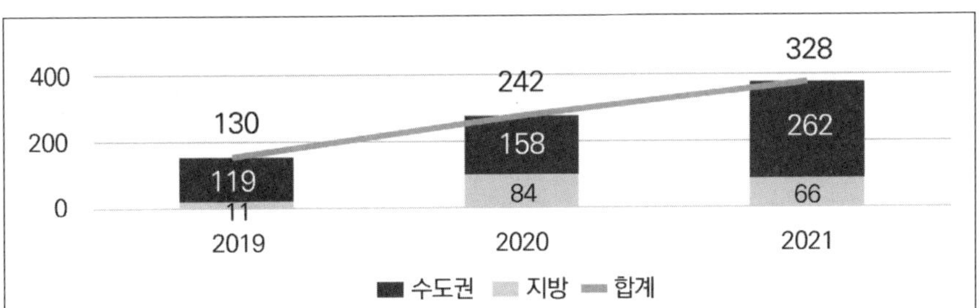

출처: 도종환 의원실. 보도자료(2022.9.19.일 자).

[그림 Ⅳ-6] 최근 3년간 수도권/지방대학 학과 통폐합 건수 추이

한편, 학문 불균형 현상은 계열별 학과 통폐합 현황에서 알 수 있다. 〈표 Ⅳ-8〉에서 보듯이, 계열별로는 인문사회 관련 학과가 284건으로 가장 많이 통폐합되었고, 다음으로 공학 관련 학과 190건, 자연과학 관련 학과 130건 순으로 통폐합이 일어났다. 하지만 2019년 대비 2021년 증감 비율을 보면, 기초학문인 인문사회계열(211%)과 자연과학계열(289%) 관련 학과 통폐합 건수가 2배 이상 증가했다. 그동안 수많은 대학평가 등에서 강조했던 평가 지표는 취업률과 충원율 등이었고, 이러한 지표는 취업 시장이 열악한 지방에는 불리할 수밖에 없었다. 그에 따라 취업률에 불리했던 지역 소재 대학이나 기초학문 중심의 학과 통폐합 현상은 지속해서 악화될 수밖에 없었다. 교육부도 스스로 경제부처라고 생각해야 한다는 현 정부가 산업 인재 육성만을 강조하는 대학정책 추진을 난무한다면 지역 소재 대학의 붕괴와 기초학문 분야의 위기는 더욱 심화할 것이다. 지역 간, 학문 간 균형발전을 위한 담대한 대학정책의 큰 그림이 필요한 시점이다.

〈표 Ⅳ-8〉 최근 3년간 계열별 학과 통폐합 현황

(단위: 개(건))

구분	2019	2020	2021	합계	'19년 대비 '21년 증감률
인문사회	47	91	146	284	211%
공학	47	66	77	190	64%
자연과학	19	37	74	130	289%
예체능	17	48	30	95	76%
의학	0	0	1	1	
합계	130	242	328	700	152%

주: 교육부 제출자료. 2021년 7월 기준.
출처 : 도종환 의원실. 보도자료(2022.9.19.일 자).

마. 대학에 대한 사회적 공신력 약화

전통적으로 대학은 교육, 연구, 봉사라는 교육적·사회적 기능을 수행하며 발전하여 왔지만, 대전환 시대에서는 대학교육의 새로운 내재적·외재적 기능이 확대되기를 기대하고 있다. 대학의 내재적 기능은 대학의 본질적 기능으로서 시대정신을 이끌어가는 인재 양성기능을 의미한다. 그리고 외재적 기능은 대학기관 자체가 지닌 사회·경제적 가치 창출 능력의 확대를 의미한다. 대학은 새로운 지식과 기술의 생산(production of knowledge & skill), 지식과 기술의 확산·전수(diffusion and transmission of knowledge & sill)를 통해 새로운 가치를 창출해 내는 지식생산집단으로서의 사회적 책무가 있고, 대학의 사회·경제적 부가가치 기능을 확대하기 위하여 대학 및 사회는 대학의 창업(job creation) 능력도 향상시켜야 한다. 지금까지 대학이 국가사회발전에 기여한 측면도 있다. 하지만 국민들에게 우리 대학교육에 대한 만족이나 신뢰는 크게 높지 않은 것이 일반적인 인식이다.

한국교육개발원이 실시한 2022년 교육여론조사 결과(권순형 외, 2022, p.197), 우리나라 대학이 사회가 필요로 하는 인재를 제대로 양성하고 있는지에 대해 일반대학의 경우 전체 응답자는 그렇다(매우 그렇다+그렇다) 16.5%, 보통이다 47.6%, 그렇지 못하다(그렇지 못하다+전혀 그렇지 못하다) 36.0%로 응답하여 보통이다의 의견이 많았다. 대학생 학부모 응답자도 그렇다 15.9%, 보통이다 40.9%, 그렇지 못하다 43.1%로 응답하여 그렇지 못하다의 응답률이 가장 높게 나타나 전반적으로 부정적인 인식이 강했다(〈표 Ⅳ-9〉).

전문대학의 경우에도 전체 응답자는 그렇다 23.6%, 보통이다 47.9%, 그렇지 못하다 28.4%로 보통이다의 의견이 많았다(평균 2.92). 그리고 대학생 학부모 응답자도 그렇다 25.0%, 보통이다 46.5%, 그렇지 못하다 28.6%로 응답하여 보통이다의 의견이 가장 많이 선택되었다(평균 2.93)(〈표 Ⅳ-9〉). 일반대학과 전문대학을 평균으로 비교하면 지속적으로 일반대학보다 전문대학에 대한 평가가 긍정적인 것으로 나타났지만, 일반대학이나 전문대학 모두 보통 이하의 부정적인 인식이 강하다는 것을 알 수 있다.

〈표 Ⅳ-9〉 대학교육이 사회가 필요로 하는 인재양성 기능을 하고 있는가에 대한 평가(2016~2022)

(단위: 명(%))

대학교육의 사회가 필요로 하는 인재 양성 기능에 대한 평가	2022				2021		2020	2019	2018	2017	2016
	일반대학		전문대학		일반대학	전문대학					
	전체	대학생 학부모	전체	대학생 학부모							
매우 그렇다	90 (2.3)	7 (1.8)	97 (2.4)	5 (1.3)	68 (1.7)	95 (2.4)	17 (0.4)	17 (0.4)	19 (1.0)	17 (0.9)	25 (1.3)
그렇다	567 (14.2)	55 (14.1)	849 (21.2)	92 (23.7)	536 (13.4)	814 (20.4)	185 (4.6)	185 (4.6)	130 (6.5)	145 (7.3)	149 (7.5)
보통이다	1,904 (47.6)	159 (40.9)	1,918 (47.9)	181 (46.5)	1,921 (48.0)	1,929 (48.2)	1,585 (39.6)	1,585 (39.6)	653 (32.7)	656 (32.8)	662 (33.1)
그렇지 못하다	1,160 (29.0)	148 (38.0)	928 (23.2)	96 (24.7)	1,185 (29.6)	929 (23.2)	1,811 (45.3)	1,811 (45.3)	875 (43.8)	831 (41.6)	799 (40.0)
전혀 그렇지 못하다	279 (7.0)	20 (5.1)	208 (5.2)	15 (3.9)	290 (7.3)	233 (5.8)	402 (10.1)	402 (10.1)	323 (16.2)	351 (17.6)	365 (18.3)
계	4,000 (100.0)	389 (100.0)	4,000 (100.0)	389 (100.0)	4,000 (100.0)	4,000 (100.0)	4,000 (100.0)	4,000 (100.0)	2,000 (100.0)	2,000 (100.0)	2,000 (100.0)
평균(표준편차)	2.76 (0.86)	2.69 (0.84)	2.92 (0.86)	2.94 (0.83)	2.73 (0.84)	2.90 (0.84)	2.74 (0.89)	2.40 (0.75)	2.32 (0.85)	2.32 (0.88)	2.34 (0.90)

출처: 권순형 외(2022, pp.169-170).

대학의 만족이나 경쟁력은 대학교수의 학문적 명성이나 연구 역량이 결정적이다. 대학교수의 학문적 명성이나 연구 역량에 대한 객관적인 증명이 쉽지는 않지만, 전반적으로 국민이 인식하는 대학교수들이 교육을 잘하고 있느냐에 대해서는 크게 만족하지 않았다.

앞서 인용한 한국교육개발원의 2022년 교육여론조사 결과(권순형 외, 2022, p.200), 현재 우리나라 대학교수들이 교육 기관의 특성에 맞게 학생들의 교육을 잘하고 있는지를 묻는 질문에 일반대학 교수의 경우 전체 응답자는 잘하고 있다(매우 잘하고 있다+잘하고 있다) 17.6%, 보통이다 52.4%, 못하고 있다(못하고 있다+전혀 못하고 있다) 30.0%로 보통이다의 응답률이 가장 높았다(평균 2.83/5점 만점). 대학생 학부모 응답자도 잘하고 있다 16.7%, 보통이다 48.3%, 못하고 있다 35.0%의 응답률을 보였다(평균 2.79)(〈표 Ⅳ-10〉). 따라서 일반대학 교수들의 교육 역량에 대해 보통 이하라는 응답을 한 국민이 82%에 이르는 것은 대학교수의 교육 역량에 대해 크게 만족하지 못하고 있음을 추론해 볼 수 있다.

전문대학 교수의 경우에도 전체 응답자는 잘하고 있다 19.8%, 보통이다 52.8%, 못하고 있다 27.5%로 보통이다의 의견이 높았다(평균 2.88). 대학생 학부모 응답자도 잘하고 있다 18.6%, 보통이다 53.7%, 못하고 있다 27.7%의 응답률을 보여주고 있다(평균 2.90) (〈표 Ⅳ-10〉). 결국 일반대학이나 전문대학에 근무하고 있는 교수의 교육 역량에 대해 국민들은 보통 이하 수준으로 인식하고 있다.

우리 대학의 인재 양성기능이나 대학교수의 교육 역량에 대해 국민들이 전반적으로 보통 이하 수준으로 인식하고 있음은 우리 대학에게 중요한 질문을 던진다. 대학이 스스로 사회적 공신력을 높이기 위해서는 대학 스스로 교육과 연구의 혁신 능력을 국민들에게 보여줘야 하는 사회적 책무에 충실해야 한다는 점이다.

여기서는 좀 더 거시적으로 관점에서 대학체제 대전환을 위한 다음과 같은 주요 질문을 제기하고자 한다.

〈표 Ⅳ-10〉 대학교수가 교육기관 특성에 맞는 역할을 수행하고 있는가에 대한 평가(2017~2022)

(단위: 명(%))

대학교수의 역할 수행	2022				2021		2020		2019		2018		2017	
	일반대학 교수		전문대학 교수		일반대학	전문대학	4년제 대학	전문대학	4년제 대학	전문대학	4년제 대학	전문대학	4년제 대학	전문대학
	전체	대학생 학부모	전체	대학생 학부모										
매우 잘하고 있다	80 (2.0)	10 (2.6)	70 (1.8)	8 (2.1)	67 (1.7)	58 (1.5)	51 (1.0)	68 (1.4)	37 (0.9)	31 (0.8)	20 (1.0)	28 (1.4)	15 (0.8)	33 (1.7)
잘하고 있다	623 (15.6)	55 (14.1)	718 (18.0)	64 (16.5)	534 (13.4)	689 (17.2)	713 (14.3)	764 (15.3)	329 (8.2)	539 (13.5)	175 (8.8)	294 (14.7)	208 (10.4)	316 (15.8)
보통이다	2,097 (52.4)	188 (48.3)	2,111 (52.8)	209 (53.7)	2,130 (53.3)	2,072 (51.8)	2,456 (49.1)	2,696 (53.9)	1,965 (49.1)	2,026 (50.7)	887 (44.4)	966 (48.3)	928 (46.4)	978 (48.9)
못하고 있다	944 (23.6)	117 (30.1)	864 (21.6)	97 (24.9)	964 (24.1)	911 (22.8)	1,367 (27.3)	1,152 (23.0)	1,310 (32.8)	1,101 (27.5)	687 (34.4)	536 (26.8)	645 (32.3)	498 (24.9)
전혀 못하고 있다	256 (6.4)	19 (4.9)	237 (5.9)	11 (2.8)	305 (7.6)	270 (6.8)	413 (8.3)	320 (6.4)	359 (9.0)	303 (7.6)	231 (11.6)	176 (8.8)	204 (10.2)	175 (8.8)
계	4,000 (100.0)	389 (100.0)	4,000 (100.0)	389 (100.0)	4,000 (100.0)	4,000 (100.0)	5,000 (100.0)	5,000 (100.0)	4,000 (100.0)	4,000 (100.0)	2,000 (100.0)	2,000 (100.0)	2,000 (100.0)	2,000 (100.0)
평균 (표준편차)	2.83 (0.84)	2.79 (0.84)	2.88 (0.83)	2.90 (0.78)	2.77 (0.83)	2.84 (0.84)	2.72 (0.84)	2.82 (0.81)	2.59 (0.80)	2.72 (0.82)	2.53 (0.85)	2.73 (0.87)	2.59 (0.84)	2.77 (0.88)

출처: 권순형 외(2022, p.201).

첫째, 교육문제의 블랙홀, 대학서열구조와 학벌 중시 고용구조를 혁파하기 위하여 대학체제는 어떻게 대전환해야 하는가?

둘째, 경제사회 초 양극화 현상을 극복하기 위해, 대학체제는 어떻게 대전환해야 하는가?

셋째, 혼합위기와 대전환 시대, 지속 가능한 국가 성장 잠재력의 핵심 요인인 대학체제의 대전환 방향은?

넷째, 국가혁신과 포용사회 실현을 위한 핵심 DNA는 대학경쟁력이고, 이를 실현하기 위해 개별 대학경쟁력이 아닌 대학 전반의 체제 대전환이 필요한 것은 아닌가?

이러한 질문에 대한 대안 모색을 여기서는 공유성장형 대학연합체제를 제안하고자 하고, 구체적인 내용은 다음 V장에서 자세히 진술하고자 한다.

3 대학을 공유성장체제로 전환해야 하는 이유

이 책에서는 향후 대전환 시대에 대학체제는 새판을 짜야 하고, 그 방향은 지금까지 배제의 논리가 작용했던 각자도생, 승자독식 방식의 대학경쟁체제가 아닌 대학의 본질적 기능을 발휘할 수 있는 함께 성장하는 공유성장체제로 전환해야 한다는 점을 강조하고자 한다. 우리의 경우 1995년 이후 교육개혁은 신자유주의 패러다임에 의해 주도되었음은 이미 주지의 사실이다. 신자유주의 교육개혁에 대한 비판적 성찰은 이미 교육계에서는 진부할 정도로 많은 논의가 있었지만, 그럼에도 불구하고 신자유주의를 여기서 다시 언급하는 이유는 최근 정부가 개인의 자유를 절대적 가치로 내세우고, 시장경제의 효율화를 지향하면서 민영화, 규제 완화, 복지축소, 작은 정부 등을 강조하는 상황을 목격하면서 신자유주의의 부활에 대한 심각한 우려가 있기 때문이다. 다시 한번 강조하지만, 지난 20여 년 동안 대학경쟁력, 대학의 수월성, 대학의 질적 제고 등의 가치에 초점을 둔 신자유시장적 경쟁 논리 지향의 대학정책과 제도 변화가 대학서열구조를 더욱 고착화시켰고, 그에 따른 학벌 위주 경쟁, 지역 간·계층 간 교육 양극화 심화, 좌절의 교육 현상 심화 등 갖가지 교육적, 사회적 불안정 문제[7)]를 발생시켰음을 잊지 말아야 한다.

그 결과, 사회적으로 인식되는 소수의 일명 명문대학만이 존재함으로써 대학 진학의 병목(bottle neck) 현상이 심각한 교육경쟁체제를 유발시키고 있음을 이미 알고 있다. 하지만 다시금 기득권 집단이 권력을 이용하여 법과 제도를 자신에게 유리한 방향으로 이끌어 교육 관련 이득이나 혜택을 추구하는 '교육의 지대추구 현상'이 심화된다면 대학서열구조, 대학교육 양극화 심화 등 시대 흐름을 거스리는 교육의 역류 현상은 재현될 것이다.

이제 대학체제를 세판 짜야 하는 대학교육의 지형이 변화되고 있고, 새판은 대학들이 함께 성장할 수 시대정신을 반영해야 한다. 우리나라의 경우 대학진학률이 73.3%(2022)에 이르고 있다. Martin Trow(1973)의 고등교육단계이론(theory of higher education stage)에 의하면, 우리나라 대학교육은 엘리트 교육 단계(대학입학률 15% 이내), 대중교육 단계(대학입학률 15~50%)를 지나 이젠 보편교육 단계(대학입학률 50% 이상)에 접어들었다. 이제는 대학교육의 보편화 단계에 걸맞은 대학의 새로운 체제 개편을 모색해야 하는 시점이기도 하다.

스탠퍼드 대학 명예교수인 Noddings(2016, pp.38-55)도 강조하였듯이, 오늘날 교육의 핵심어는 협력, 대화, 상호의존, 창의성이고, 학생들의 현실 생활로부터 고립된 교육과정에 효과적인 저항을 하려면 협력, 비판적 사고, 창의성, 숙의민주주의, 평등하고 상호 소통하는 대화, 생태적 세계시

7) 2008년 이후 '88만 원 세대', '4포 세대'에 이어 현재는 'N포 세대', '헬조선' 등의 표현들이 우리 사회의 현 실상을 대변해 주고 있음.

민주의 실현이 필요하다는 것이다. 교육에서의 협력과 협업의 가치가 창의성과 연계하여 중요하다는 점을 강조한 것이다.

한편 Williams(2017)도 OECD Education Working Paper(No. 160)에서 오늘날 대학이 처해 있는 현실을 학생 수 감소, 대학재정 압박, 대학의 국제적 명성 확보 및 유지, 연구 인재 및 재정 지원 경쟁 심화 등으로 분석하고, 이를 극복하기 위해 대학 간 협력, 제휴, 합병 등이 우선순위로 부각되고 있음을 강조하고 있다. 그는 대학 간 협력, 제휴, 합병 등이 학문발전 추구, 경제적 효율성 기여, 공공 요구에 대한 기관의 네트워크와 성과 증진을 추구할 수 있다고 보고 있다. 국제사회에서도 대학이 처해 있는 현실을 고려할 때, 공유 협력하는 방안은 이제 시대적 과제로 인식하고 있다.

Williams(2017)는 대학 간 협력(collaboration)을 포괄적으로 개별 대학이 스스로 달성할 수 없다고 판단되는 목표를 추구하기 위하여 협력을 선택하는 행위라고 정의한다. 하지만 여기서 논의하는 공유성장은 단순 대학 간 협력을 넘어 대학체제의 질적인 도약까지 고려하는 개념이다. 조옥경 외(2019)의 연구에서 잘 정리해 주었듯이, 공유성장은 대학 간 유·무형의 자원 공유 및 연계·협력을 통해 대학 공동체의 공유된 가치기반 속에서 함께 지속 가능한 상생과 발전을 이루는 것을 의미한다. 이제 개인이나 대학이 해결할 수 없는 경쟁교육체제와 문화의 굴레를 국가 공동체가 나서서 해결해야 한다. 대학이 공유 성장해야 하는 이유는 크게 다음과 같이 세 가지이다.

첫째, 대학체제의 새로운 성장 패러다임 구축을 위해서이다. 이는 대학의 상향 평준화와 좋은 대학 서열화를 지향한다.

둘째, 우리 교육문제의 블랙홀인 대학 학벌 구조 혁파와 교육양극화 해소를 위해서 서로 배려하고 협동하는 강한 공동체 의식을 함양시키고, 집단지능과 집단능력을 통한 집단경쟁력을 지향하는 대학 간 협력·협업을 통한 공유성장체제는 필요하다.

셋째, 지역에도 우수한 대학체제를 구축하여 국가균형발전에 기여하고자 함이다. 이는 지역혁신플랫폼 활성화와 지역교육과 사회와의 상생 발전을 위한 기본적인 인프라이기 때문이다.

1995년 문민정부의 5·31 교육개혁 이후 지금까지 개별 대학 간 경쟁 패러다임이 대학평가체제를 통해 추진됐지만, 국민에게 대학교육에 대한 만족과 신뢰를 보여주지 못했고, 그리고 그 효과도 과연 무엇이었는지에 대한 깊은 성찰이 필요하다.

앞서 언급한 대전환 시대의 특성을 고려할 때, 이제는 우리 대학교육이 공동선을 추구하고, 집단지성과 집단지능, 집단경쟁력의 가치를 지향하는 대학 간 연계·협력과 집단경쟁력의 패러다임 구축으로 대학들이 공유 성장해야 하는 시대적 변화를 맞이하였다고 본다. 국제 경제 침체와 양극화 심화 현상을 극복하기 위해 국가 간·조직간·개인 간 연계·협력이 필요하듯이, 향후 대학체제도 상호 협력을 통해 문제해결과 연구 역량 강화로 새로운 가치를 창출하는 사회적 공적 기관의 역할 수행, 그리고 네트워크형 인재를 양성해야 하기 때문이다. 대학에 대한 사회적 신뢰를 회복하기 위해서는 논리와 명분의 싸움에서 벗어나 "누구를 위한 개혁"이어야 하는지에 대한 해답을 찾는 데서 다시 출발해야 한다.

따라서 향후 대학개혁은 대학의 자율성을 보장하는 것은 기본이고, 대학 간 네트워크 및 협력체제를 구축하여 대학의 집단경쟁력을 강화하는 방향을 모색할 필요가 있다. 이러한 대학의 집단경쟁력은 우리 사회의 고질적인 문제인 학벌주의와 대학서열주의 타파는 물론 교육 양극화 해소를 위한 대학의 공공적 가치를 실현하는 출발점이 될 것이다. 이를 통해 대학 안에서 학생들은 포기와 절망, 좌절이 아닌 자신만의 역량과 잠재력을 학교 공간에서 스스로 발견함으로써 학습과 삶의 만족을 균형 성장시키는 함께 성장하는 공간으로 변혁되어야 한다.

4 공유성장 대학체제 개편 관련 사례[8)]

여기서는 대학의 공유성장 가치를 실현하기 위한 대학체제 대전환 실천 사례를 국내외를 통해 살펴보고자 한다. 국내 사례로서 교육부의 디지털 혁신공유대학 사업과 해외 사례로서 미국 워싱턴 메트로폴리탄 지역 대학 컨소시엄(CUWMA), 그리고 프랑스 대학통합 및 연합 정책 사례를 살펴보고자 한다.

가. 교육부의 디지털 혁신공유대학 사업 사례

교육부는 지난 2021년 2월에 '디지털 혁신공유대학 사업 기본계획 시안'을 발표한 바 있다. 문재인 정부가 역점을 두었던 「한국판 뉴딜 종합계획」 발표(2020.7.14.)를 통해 디지털 그린 혁명 시대 인재 양성 및 디지털 격차 해소 등을 위한 투자 확대의 필요성이 제기되면서 교육 분야에서는 신규 사업으로 채택된 사업이었다. 시안에 따르면, 교육부는 이 사업의 추진 필요성을 디지털 전환 가속화, 4차 산업혁명 시대 본격화 등에 따라 첨단분야를 중심으로 산업구조 재편 및 일자리 형태 변화, 기존 대학별 인재 양성 시스템을 통한 신기술 인재 양성에는 역부족, 비대면 교육 확대, 고도화되는 디지털 기술을 토대로 대학 간 상호공유와 협력을 통해 미래 인재를 양성하는 새로운 대학체제 구축 등을 열거하였다.

이 사업은 2021년부터 3년 단위로 2026년까지 신기술분야 인재 10만 명 양성을 목표로 7개 주관대학 중심 8개 신기술분야 연합체(46개 대학

8) Williams(2017)는 대학 간 협업, 연합, 합병 등 관련 호주, 덴마크, 잉글랜드, 핀란드, 프랑스, 독일, 아일랜드, 일본, 네덜란드, 노르웨이, 스웨덴, 스페인 등의 사례를 소개하고 있고, 조옥경 외(2021)도 국내 사례와 프랑스, 일본의 해외 사례를 자세히 소개하고 있어 이들의 연구를 참조해 주시기 바람.

참여)가 선정되어 연합체별 102억 원씩(2021년 기준) 지원되었다. 주요 추진 전략과 내용으로는 지역 간·대학 간 교육 역량 차이를 해소하기 위해 인적·물적 자원을 상호 공유하여 국가 수준의 핵심인재를 양성하는 신기술분야 공유대학 체계 구축, 신기술분야별 모듈형 표준 교육과정 개발, 희망 학생 누구나 참여하도록 학생 선택권 확대, 그리고 단계적 확대를 통한 신기술분야 인재 양성 사각지대 보완 등이다. 특히 신기술분야 교육이 대학별, 학과별 협력체계를 구축하기 위해 신기술분야의 교원, 교육 콘텐츠, 시설, 기자재 등 여러 대학에 흩어져 있는 자원을 공동 활용하는 다각적 협업 모델을 자율적으로 설계할 수 있도록 하고 있다([그림 Ⅳ-7] 참조).

8개 연합체는 신기술분야에서 요구되는 국가 단위 인재 양성을 위해 표준화된 교육과정을 공동으로 개발·운영하고, 온라인 강좌와 실험·실습 운영 매뉴얼 등을 대학 간 공유 가능한 형태로 개발하며, 인증·학위과정도 단기과정(마이크로디그리)과 부전공, 연계전공, 복수전공, 학·석사연계 등 다양한 형태로 연합체로 자율적으로 운영하도록 하고 있다.

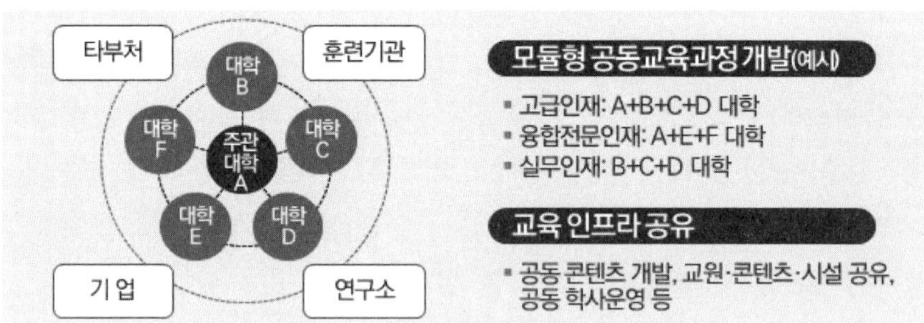

출처: 교육부(2021. 2). 디지털 혁신공유대학 사업 기본계획 시안.

[그림 Ⅳ-7] 혁신공유대학 개념도(안)

이 사업은 대학 간 경쟁이 아닌 상생을 통해 대학 생태계를 변화시키려는 새로운 도전이라는 측면에서 의미가 있었다. 이를 위해 신기술분야에 국한하여 우선 시범적으로 추진하는 일종의 프로젝트형 사업이라는 전략적 접근도 의미가 있다. 이 사업을 기점으로 대학 간 상생체제를 구축하여 대학 생태계가 조금이라도 변혁될 수 있는지는 추후에 판단할 수 있을 것이다.

그럼에도 불구하고, 디지털 혁신공유대학의 모델은 장기적인 정책이나 체제 개편이 아니라 사업이라는 점이 우려스러운 지점이다. 우리나라 대학 정책은 주로 사업 중심으로 추진했고, 사업은 제한된 일정 기간 내에 주어진 예산에서 추진하다 보니 그 효과가 항상 미미하다는 것은 이미 지난 경험에서 알고 있다. 이 사업도 2026년까지 진행되고 매년 연합체별로 100억원 정도 지원하고 있어 사업의 지원 규모도 미미하지만, 보다 중요한 것은 이 사업이 종료된 이후 지속적으로 진행할 수 있는지 여부는 누구도 장담하지 못한다. 교육정책은 장기성과 비가시성의 특성을 가지고 있기 때문에 단기 사업은 당연히 기대하는 성과를 얻을 수 없다. 그 동안 수많은 대학정책이 있어 왔지만, 정책 효과에 대한 논의가 실종된 것은 단기 사업 위주로 정책이 추진되어 왔기 때문이다.

나. 미국 워싱턴 메트로폴리탄 지역 대학 컨소시엄(CUWMA) 사례[9]

워싱턴 메트로폴리탄 지역 대학 컨소시엄(The Consortium of Universities of the Washington Metropolitan Area)은 워싱턴 D.C.에 있는 메릴랜드 대학, 아메리칸대학, 조지타운대학, 조지메이슨대학, 조지워싱턴대학 등 18개 회원 대학교가 참여하여 총 29만 명의 학생들을 위해 각 대학의 강점 분야를 활발히 공유하고, 학점교류와 함께 다양한 프로그램을 진행하고 있는 교육 및 연구 협력 프로그램이다. 이들은 선별된 우수학생에 한하여 학과 과정을 공유하고 그들에게 본인 학교에 없는 수업을 수강할 기회

9) 미국 워싱턴 메트로폴리탄 지역 대학 컨소시엄(CUWMA) 사례는 홈페이지(https://consortium.org/) 내용을 참조하였음.

를 제공하여 성공적인 성과를 거두고 있다.

워싱턴 DC의 대학 지도자들이 새로운 학문적 협력을 시작한 것은 1930년대이었지만, 워싱턴 메트로폴리탄 지역 대학 컨소시엄(CUWMA)이란 이름으로 출발한 것은 1966년이었다. 그 이후 이 컨소시엄은 광범위한 프로그램 및 이니셔티브 포트폴리오를 포함하며, 세계 최고의 대학 도시에서 다양한 구성원의 명성과 재능과 위치를 활용하면서 민간/공공 파트너십을 강화하면서 발전하여 왔다.

이 컨소시엄의 지배구조는 18명의 회원 대학 총장들과 컨소시엄의 회장 겸 CEO로 구성된 이사회가 중심이 된다. 그리고 내규(bylaw)에 의하면, 이 컨소시엄의 지향점은 회원 대학들이 공통의 아이디어와 관심사를 공유할 수 있는 포럼 제공, 지역의 대학발전에 기여, 지역의 경제적, 문화적 활성화 촉진, 학생, 교수 및 지역 사회의 이익을 위한 대학 간 자원을 공유하고 협력하는 체제 구축, 지역 사회 및 대학교육 관련 문제해결을 위한 리더십 제공, 그리고 회원 대학들과 지방정부와의 협력과 소통 촉진 등이다.

이 컨소시엄에 참여하는 대학들은 지식공유, 전문성 개발 등 학술 및 연구 협력은 물론 학생 등록, 성공 및 인력 개발 증가, 형평성 격차 해소, 교수와 학자를 주요 정부 및 산업 역할에 배치, 신용 유동성 및 누적 학위에 대한 교차 등록 및 최첨단 새로운 모델 개발 등 다양한 협력체제를 구축하고 있다. 특히 컨소시엄 대학에 다니는 학생들에게 큰 이점은 컨소시엄의 교차 등록 프로그램에 참여할 수 있다는 점이다. 한 컨소시엄 회원 기관의 적격 학위 프로그램에 등록한 학생들이 다른 회원 기관의 과정에 등록할 기회를 제공한다. 그리고 컨소시엄에 참여하는 대학의 등록금은 동일 원칙으로 진행되고, 수업 등 추가 비용이 발생 시 해당 타 대학에서 비용을 지불함으로써 학생들의 등록금 차이에 대한 불이익은 없도록 하고 있다.

다. 프랑스 대학통합 및 연합 정책 사례

18세기 프랑스 혁명의 시절부터 프랑스 정부는 자치 학부(autonomous faculties), 이른바 단과대학을 종합대학으로 재편성하려고 했지만 그다지 성공하지 못했다. 자치 학부는 1968년에 또 다른 유사한 개혁이 이루어졌음에도 불구하고 여전히 상당한 자치권을 보유하고 있었다. 이후 수십 년 동안 대학과 연구 기관은 '연합연구실(associated laboratories)'을 만든 다음 연구실을 공유하기 위한 공동 연구 단위를 만들었지만, 그 성과는 미미했다. 1980년대부터 고등교육제도 합리화에 대한 논의가 다시 시작되었지만, 구체적인 노력은 거의 없었고 일부 도시의 자치 학부만 대학으로 재편성되었을 뿐이었다(Williams, 2017, p.83).

이러한 상황에서 2003년에 프랑스는 "상하이 충격(Shanghai Shock)"을 경험했다. 프랑스 역사상 처음으로 세계대학순위에서 상위 100위에 도달한 대학은 3개뿐이었고, '그랑제콜'이나 연구 기관은 1개도 없었기 때문이다. 프랑스 대학순위 하락은 프랑스 고등교육의 또 다른 도전과제로 받아들였고, 프랑스 대학의 연구성과에 비해서 세계대학평가에서 순위가 낮게 나타남에 따라 지역대학 경쟁력 강화의 필요성이 대두되었다. 이러한 위기에 대한 프랑스의 정책 대응은 두 가지였다. 첫 번째는 고등교육과 연구기관을 직접 통합 및 연합하는 방안과 두 번째는 대학통합과 연합을 위한 재정지원 방안이다. 이러한 두 방안을 실현하기 위하여 2007년에 제도적 자율성을 확대하는 법이 제정되었고, 그에 따라 대학에 상당한 제도적 재량권을 허용하여 지역 기반 대학 간 협력과 통합이 점진적으로 촉진하는 통합 접근 방식이 추진되었다(Williams, 2017, p.83). 여기서는 대학 간 공유·협력체제의 구성·운영에 관심이 있는 만큼, 첫 번째 방안을 중심으로 살펴보고자 한다.

프랑스 대학개혁은 지역과 연계된 지역대학 경쟁력 강화에 초점을 두고 추진하였다. 이미 대학기관들은 1990년대와 2000년대 초에 중앙과 지방

정부와 연계된 지역연합체(local association)를 구축하였고, 유럽대학센터(European University Centres) 프로그램을 통해 협력체제를 구축한 대학들에는 추가 재정지원과 교수충원을 보장해 주었다. 프랑스 정부의 대학재정 지원 계약은 대학에 협력, 연합, 합병 등을 유인하는 중요 기제가 되었다.

하지만 대학의 통합과 연합을 위한 실질적인 제도적 틀을 갖추고 대학체제 재개편에 영향을 준 것은 2006년 굴라드법(Loi Goulard)에 의해 법제화된 '연구와 고등교육거점(pôles de recherche et d'enseignement supérieur(PRES))'의 설치와 2013년 피오라소법(Loi Fioraso)에 의해 올랑드 정부(2012~2017)가 추진했던 '대학의 통합 및 연합실험'과 같은 정책이다. 그리고 2017년부터 마크롱 정부에서도 이 정책을 계승·발전시켜 2018년부터는 대학 간 통합 및 연합체제를 더 큰 자율성을 부여한 실험적인 단계의 공공교육기관 연합체제(Etablissement public expérimental, EPE)가 도입되었다(교육부, 2021.7; 조옥경 외, 2021).

연구와 고등교육거점(pôles de recherche et d'enseignement supérieur(PRES))의 설치로 지난 2005년부터 2013년까지 대학 간 혹은 대학과 연구기관 간 협력, 연합, 합병 등을 촉진시켰고, 원래 계획은 10개의 PRES에 자원을 집중할 계획이었지만, 2012년까지 26개의 PRES가 되었고, PRES의 협업은 주로 박사 과정 및 연구 분야에 초점을 맞추었으며 연합거버넌스 구조로 운영되었다. 예로서, 2011년 엑스 마르세유와 로렌(Aix-Marseilles and Lorraine) 지역의 PRES는 대학의 완전한 합병으로 이어져, 로렌 PRES가 4개의 대학기관이 참가하는 공동 프로젝트를 관리하고, 전략 계획의 틀과 지원을 제공하며, 궁극적으로 로렌 대학의 합병을 이끈 사례가 있다. 일반적으로 PRES로 인한 합병은 PRES의 대학 만 참여했고 그랑제콜은 참여하지 않았지만, 로렌지역의 대학 합병은 그랑제콜을 포함함으로써 프랑스 정부가 새로운 대학체제에 대한 법적 지위를 부여한 사례가 되었다(Williams, 2017, p.84).

그리고 올랑드 정부(2012~2017)가 추진했던 '대학의 통합 및 연합실험' 정책으로 조금 더 심층적으로 프랑스 대학통합 및 연합을 위한 재개편 작업이 진행되었다. 지금까지 프랑스가 대학통합 및 연합 정책으로 추진했던 방식은 크게 4가지이다. 즉 '대학 통합(Fusion)', '실험적인 단계의 대학연합(ComUE expérimental)', '지역대학연계협약(Conventions de coordination tér itoriale)', '실험적인 단계의 공공교육기관 연합(Etablissement public expérimental, EPE)'방식이다(교육부, 2021. 7).

첫째, 대학 통합(Fusion) 방안으로서 이는 대학 및 연구 기관을 단일대학으로 통합하는 가장 강력한 정책이다. 예로서, 2015년에 인문학 중심의 파리 4대학과 자연과학 및 의학 중심의 파리 6 대학 간 대학연합을 추진하였고, 2018년에 대학통합이 이루어져 우수대학인증을 받은 바 있다. 하지만 국립대인 리옹 1 대학, 리옹 3 대학, 생테티엔 대학과 그랑제꼴인 리옹 고등사범학교 등 총 4개 대학교의 통합(리옹-생테티엔 대학, Université de Lyon et de Saint-Etienne) 추진의 경우 7년 후 계획이 전면 취소되는 사례도 있었다. 대학통합이란 강력한 정책은 쉽지 않음을 시사 받는다.

둘째, 실험적인 단계의 대학연합 방안으로서, 이는 기관의 정체성을 유지하면서 재정지원을 강화하는 대학연합 형태이다. 그러나 대학연합을 관장하는 거버넌스 기구를 새로 만들어야 함에 따라 대학 간에 서로 유리한 위치를 차지하려 하는 갈등 상황이 발생하기도 하였다. 2016년 그르노블 이공계열 국립연구소(Grenoble INP), 그르노블 정치학교, 그르노블 국립건축학교와 같은 그랑제꼴과 국립대학인 그르노블알프스대학 간의 연합이 성사되어 우수대학인증사업(IdEx)에 선정되었지만, 최근 다음 네 번째 방안인 "실험적인 단계의 공공 교육기관연합"으로 대학연합 형태 변경을 추진하였다.

셋째, 지역대학연계협약의 방안은 대학 간 협력을 위한 연계 협약이며 가장 느슨한 형태의 대학연합체제이다. 즉 공동 연구프로젝트를 위한 연계 형태이다. 3개 대학(엑스-마르세유대학, 아비뇽대학, 툴롱대학)과 2개의 그랑제꼴(마르세유 공과대학, 엑상프로방스 정치학교) 간에 결성된 연계 협의체(엑스-마르세유-프로방스-메디테라네협의체)가 그 사례이다. 이 협의체는 2016년에 우수대학인증사업에 선정되었고, 해당 지역 내 중소기업과의 협력을 통해 지역경제발전에 기여하고 있다고 평가받고 있다.

이와 같은 3가지 방안은 올랑드 정부에서 추진되었으나 그랑제꼴의 참여가 저조함에 따라 마크롱 정부에서 다음 네 번째 방안인 실험적인 단계의 공공교육기관 연합체제를 추진하게 되었다. 이 방안은 그랑제꼴의 참여를 장려하기 위해 두 번째 방안인 실험적인 단계의 대학연합 규정을 완화하여 최종적으로는 대학 및 연구 기관의 통합을 지향한다. 그리고 참여 대학은 각각 예산 편성권과 집행권을 가지고 있어 재정적 독립이 보장되지만, 기본 지침인 ① 다양한 형태의 통합 실험 허용(하나의 법인으로 통합하거나 혹은 각자의 기관 지위를 유지한 채 참여 가능), ② 최장 10년의 실험기간 동안에 통합을 이루지 못할 경우, 각 참여 대학은 이전의 독립적인 대학 및 연구 기관으로의 복귀를 법으로 보장, ③ 기존 대학 및 연구 기관의 조직 구성에 관한 법적 제약을 완화(총장 및 이사 자격 선임 요건 완화, 대학 조직 구성 규정 완화, 영리사업을 위한 조직 구성 가능) 등은 준수해야 한다. 3개의 국공립 그랑제꼴(릴 정치학교, 릴 국립고등건축조경학교, 릴 이공계 그랑제꼴 대학원)과 사립대학(릴 사립고등언론학교), 국립대학(릴 대학)이 참여한 '2022 릴(Lille) 대학 EPE 프로젝트(Projet EPE- Université de Lille 2022)'가 사례이다. 이 연합체는 2017년에 우수연구기관인증사업에 선정되기도 하였다(교육부, 2021, 7).

지금까지 대학의 공유성장을 위한 대학체제 대전환 실천 사례를 살펴보았지만, 우리나라의 경우 교육부의 디지털 혁신공유대학 사업은 대학체제의 대전환을 지향하기보다는 프로그램 혹은 사업을 통해 부분적으로 도입 운영하고 있었다. 하지만 미국 워싱턴 메트로폴리탄 지역 대학 컨소시엄과 프랑스 대학통합 및 연합 정책 사례는 지역과 대학이 연계하여 구체적으로 대학체제 개편을 도모하였다는 점에서 주목할 필요가 있다. 특히 프랑스의 경우 중앙정부와 지방정부의 적극적 의지와 법적·제도적 장치를 마련하였음은 우리에게 많은 시사점을 준다.

따라서 대학의 공유성장을 위한 체제 개편을 위해 단기적인 사업성을 추진하는 것은 의미가 없고, 장기적으로 체계화시키기 위해서는 법적·제도적 장치 마련과 재정 확충을 위한 정부의 의지와 중장기 계획이 선행되어야 하고, 그리고 실천 과정에서 대학 구성원들이 공감할 수 있는 설득과 논의 과정은 반드시 필요하다. 무엇보다도 대학이 공유 성장해야 하는 이유에 대한 사회적 공감대를 얻는 공론의 장이 선행되어야 할 것이다.

한국 대학체제의 새판 짜기

- 공유성장을 위한 대학체제 대전환을 위하여 -

한국 대학체제, 새판 짜기는 가능한가?

V

한국 대학체제의 새판 짜기

- 공유성장을 위한 대학체제 대전환을 위하여 -

V 한국 대학체제, 새판 짜기는 가능한가?

1 공유성장 대학체제의 개념 구조

지금까지 대학의 연계 협력체제의 필요성과 중요성을 언급하였지만, 학자마다 지향하는 가치나 용어는 다양하고 혼용되어 사용되고 있다. 이를테면, 대학 간 네트워크(networks), 대학 간 협력(collaborations), 대학 간 연합(alliances), 합병(mergers), 컨소시엄(consortium), 통합(consolidation) 등이다. 대학 간 협력과 통합의 범위를 구체화하기 위해 Williams(2017, p.14)는 네트워크(networks), 대학 간 협력(collaborations), 대학 간 연합(alliances), 합병(mergers) 간의 개념 차이를 다음 〈표 V-1〉과 같이 제시한 바 있다.

〈표 V-1〉에서 보듯이, 대학의 연계·협력은 어떠한 목적을 위해(목적), 무엇을(내용), 어떻게(방법) 연계하고 협력하느냐에 따라 다양한 방식으로 추진될 수 있다. 하나의 공통 법인을 만드는 대학합병(merger)이나 여러 대학이 각자 독자적으로 정체성을 가지고 운영하면서 서로 협력을 하기 위한 공동 조직을 통한 대학연합(alliance)의 형태보다 더욱 느슨한 방식이 대학협력(collaboration) 방식이다. Williams는 협력, 연합, 합병 관련 사례를 제시하면서 실질적인 활용 양태를 제시하였다.

조옥경 외(2019, p.110)는 미국의 사례를 들어 공유성장 대학체제를 지칭하는 용어로 파트너십(partnership), 컨소시엄(consortium), 확장된 협력(expanded collaboration), 급진적 협조(radical cooperation), 연합

〈표 Ⅴ-1〉 Networks, Collaborations, Alliances, Mergers의 개념 스펙트럼

Networks	Collaborations	Alliances	Mergers
리더십 개입이 거의 없고, 비공식적 의사소통, 조직 자율성에 변화가 없는 기관내 구성원간 혹은 기관 간의 관계	기관 간의 구체화된 공식적 협약 혹은 파트너십에 기초함.	협력의 좀더 확대된 형태	기존 또는 새로운 법인을 설립함으로써, 최소한 하나의 기관은 법인의 지위를 상실함.
	법적 권리와 특권, 인적자원, 물리적 공간, 장비 및 기술, 또는 정보 등의 공유를 포함함.	협약에 의해 파트너는 광범위한 역량을 공유하지만, 각자의 정체성과 법적 지위를 유지하며 협약은 취소 가능함.	합병된 법인의 본래 구성요소는 명칭, 브랜드, 거버넌스 및 운영을 유지할 수 있음.
예) 미국 원격교육협회(The US Distance Learning Association)	예) 함부르크 개방 온라인 대학(The Hamburg Open Online University)[1]	예) 바르셀로나 지식캠퍼스(Barcelona Knowledge Campus)[2]	예) 맨체스터 통폐합 대학(University of Manchester Merger)[3]

주 : 1) 함부르크 개방 온라인 대학은 2015년에 설립되었고, 자유와 한자 동맹 함부르크, 함부르크 응용과학 대학(HAW 함부르크), 함부르크 공과대학(TUHH), HafenCity University 함부르크(HCU 함부르크), 함부르크 미술대학(HFBK 함부르크), 함부르크 음악극장(HfMT 함부르크), 대학 의료센터 함부르크-에펜도르프(UKE), 멀티미디어 Kontor Hamburg gGmbH(MMKH)의 협력체제 기관임. 참여 대학의 학생들뿐만 아니라 관심이 있는 모든 사람들이 접근할 수 있고, 플랫폼에는 약 250개의 학습 기회와 약 236개의 학습 자료가 있으며 사전 등록 없이 언제든지 사용할 수 있음 (https://www.hoou.de/).

2) 바르셀로나 지식 캠퍼스(Barcelona Knowledge Campus, BKC)는 UB(Universitat de Barcelona)와 UPC(Universitat Politècnica de Catalunya) 두 대학이 진행한 프로젝트로서 스페인 교육부가 주도하는 국제 위원회에서 최고의 국제 우수 캠퍼스로 인정받았고, 2009년 당시 2,100만 유로의 예산을 지원받았음. UB와 UPC의 역량을 통합함으로써 BKC는 바르셀로나 지역에서 과학, 사회 및 비즈니스 활동의 원동력이 되고 있음. 두 카탈로니아 대학은 공통의 강점을 공유하고 교육, 연구 및 지식 이전 분야를 공유하고 있음. BKC는 남유럽에서 가장 활동적이고 강력한 지식의 기둥 두 곳을 통합한 대학 지역으로서 16개 학부 및 단과대학, 90개 학과, 그리고 6,700명의 대학원생과 42,000명 이상의 학부생, 교수와 연구원 3,700명, 직원 2,250명으로 구성된 지식 네트워크임. BKC는 도시 환경에 통합된 도심 캠퍼스이며 대학이 바르셀로나를 지식의 도시로 통합하는 데 영향을 미칠 수 있는 모델이기도 함(https://www.ub.edu/web/ub/en/menu_eines/noticies/2009/12/03.html).

3) 맨체스터 통폐합 대학은 2003년 3월에 The University of Manchester and the University of Manchester Institute of Science and Technology 공식적으로 통합이 되어 영국에서 가장 큰 대학이 되었음. 당시 정부로부터 65만 파운드를 지원받았고, 그 결과 34,000명의 재학생과 9,000명의 교직원이 근무하게 되었으며, 매년 재정 수입 규모는 4억 2천만 파운드 규모로 성장하였음. (https://www.theguardian.com/education/2003/mar/06/highereducation.administration)

출처 : Williams(2017, p.14).

(alliance), 공동 사업(joint venture), 통합(consolidation), 통폐합(merger), 인수(acquisition) 등을 제시하고, 공유의 밀도에 따라 연계형 공유체제(파트너십, 컨소시엄), 연합형 공유체제(확장된 협력, 급진적 협조, 연합, 공동 사업), 결합형 공유체제(통합, 통폐합, 인수)로 구분하고 있다. 그리고 그들은 공유의 또 다른 주안점인 지역형과 기능형을 고려하여 다음 〈표 V-2〉와 같이 분류하고 있다. 지역형은 공유의 지리적 근접성과 지역 특성 및 발전의 중요성을 고려하여 지역 내 대학 간의 공유 형태에 초점을 맞춘 유형이고, 기능형은 대학의 사명 또는 역할, 기능 등을 고려하여 대학 간의 공유 형태로 기능·역할·사명의 고도화·전문화 등을 특징으로 하는 유형이다(조옥경 외, 2019, p.291.).

이러한 주안점을 고려하여 그들은 표에서 보듯이, 지역연계형, 기능연계형, 지역연합형, 기능연합형, 지역결합형, 기능결합형 등 여섯 유형으로 구분하고 있다.

〈표 V-2〉 공유성장형 대학체제의 유형

공유성장형 대학체제 유형		공유의 전략적 주안점	
		지역형	기능형
공유 수준 (밀도)	연계형	지역연계형	기능연계형
	연합형	지역연합형	기능연합형
	결합형	지역결합형	기능결합형

출처 : 조옥경 외(2019, p.291).

각 유형의 특징을 살펴보면, 첫 번째 유형인 지역연계형은 학교 유형(일반대, 전문대), 설립 유형(국공립, 사립) 등과 관계없이 지리적으로 인접한 지역의 대학 간에 별도의 공동 관리·운영조직은 두지 않고, 각 대학의 필요성에 따라 파트너십 또는 협약을 맺고 부분적으로 공유(협력)하는 유형이다. 대학 간 인적자원, 물적 자원, 교육과정, 연구, 학사제도, 행정, 서비스 및 지역 사회 공헌 등 다양한 영역 중 참여 대학들의 공통 필요에 따라 일부 선택적으로 공유가 이루어질 수 있는데 관리·운영하기 위한 재정은 주로 참여하는 대학들을 중심으로 확보하고, 지역연계형의 성과는 공유 수준(밀도)이 낮음에 따라 장기적으로 지속되기보다는 단기적 성격일 가능성이 높은 유형이다.

두 번째 유형인 기능연계형은 전국 단위에서 대학의 사명 또는 역할 및 기능을 고려하여 필요에 따라 파트너십 또는 협약을 맺고 부분적으로 공유(협력)하고 별도의 공동 관리·운영조직은 두지 않는 유형이다. 기능연계형의 운영은 지역연계형과 유사하지만(조옥경, 2019, pp.292-293), 전국 단위에서 대학 간 서로 필요에 의해 연계, 협력할 만큼 유인가가 높지 않다는 한계가 있다.

세 번째 유형인 지역연합형은 학교 유형(일반대, 전문대), 설립 유형(국공립, 사립) 등과 관계없이 지리적으로 인접한 지역의 대학 간에 공동의 관리·운영조직을 구축하고 각 대학의 독립성과 자율성을 전제로 특정 영역들에 대하여 공유(협력)하는 유형이다. 지역연합형의 효과적이고 체계적인 관리·운영을 위해 대학, 지방자치단체, 연구 기관, 산업체 등 지역의 상생·공유 주체들이 함께 참여하는 제도적 관리·운영위원회를 운영하고, 관리·운영을 위한 재정도 지방 및 중앙정부와 공유에 참여하는 대학들을 중심으로 확보하기 때문에, 조옥경 외(2019) 연구진들도 이 유형은 대학, 학생, 사회적 측면에서 모두 편익을 기대할 수 있고, 관리·운영조직을 통해 체계적으로 추진됨에 따라 그 성과도 중장기적으로 지속할 수 있을 것으로 판단하고 있다.

네 번째 유형은 기능연합형으로서, 이 유형은 대학 간의 지리적 접근성이 아닌 유사한 대학의 사명 또는 역할 및 기능에 근거하여 연합하는 방식이다. 지역연합형과 마찬가지로 공동의 관리·운영조직을 구축하고 각자의 독립성과 자율성을 전제로 특정 영역들에 대하여 공유(협력)하는 유형이다.

대학 간 지향하는 가치와 목적, 사명 등이 유사한 대학 간 연합하지만, 규모의 경제와 범위의 경제 모두를 달성하기 위한 공유체제로 검토될 수 있는 유형이다. 지역연합형과 마찬가지로 조옥경 외(2019) 연구진들의 판단은 이 유형도 대학, 학생, 사회적 측면에서 모두 편익을 기대할 수 있고, 관리·운영조직을 통해 체계적으로 추진됨에 따라 그 성과도 중장기적으로 지속할 수 있을 것으로 보고 있다.

다섯 번째 유형인 지역결합형은 지역연합형과 유사하게 지리적으로 인접한 지역의 대학들이 공동의 관리·운영조직을 운영하지만, 지역연합형이 대학교육 및 조직 운영의 일부 영역을 공유하는 반면에, 지역결합형은 제도적·융합적으로 결합한 형태로 경우에 따라서는 개별 대학의 자율성과 독립성을 초월하는 의사결정이 이루어질 수도 있는 공유(협력) 유형이다. 조옥경 외(2019) 연구진들은 이 유형이 대학과 학생의 편익뿐만 아니라 지역균형발전 등과 같은 사회적 측면에서의 효과도 기대할 수 있다고 보고 있지만, 개별 대학의 자율성과 독립성조차 인정받지 못한다면 사립대학인 경우 쉽게 접근하기 어렵다고 본다.

마지막 여섯 번째 유형인 기능결합형은 지리적인 접근성을 초월하여 대학의 사명 또는 역할과 기능을 고려한 대학들의 결합으로 공동의 관리·운영조직을 구축하고 전반적인 대학 운영에 대하여 주요 제도를 통일하는 등 제도적·융합적 결합 형태로 경우에 따라 각 대학의 자율성과 독립성을 초월하는 의사결정이 이루어질 수도 있는 공유(협력) 유형이다. 조옥경 외(2019) 연구진들은 기능결합형의 관리·운영을 참여 대학들과 중앙정부를 중심으로 이루어지는 것으로 설계하고, 이 유형은 전국 단위의 대학이 참여할 수 있기 때문에 참여 대학 및 학생 차원의 효과와 함께 우리나라 고등교육의 경쟁력 제고, 사회적 가치 창출에도 기여할 수 있을 것으로 기대하고, 가장 장기적으로 검토할 수 있는 유형이라고 판단하고 있다(조옥경 외, 2019, pp.291-297).

흥미로운 결과는 이 유형들에 대해 전문가 대상의 델파이 조사를 한 결과이다. 조옥경 외(2019, pp.300-301)의 연구 결과에 따르면, 연계형, 연합형, 결합형과 같은 공유의 수준(밀도)은 높을수록 효과성이 높을 것으로 예측되나 추진의 난이도 역시 함께 상승한다는 것이다. 따라서 연계형이 대중적인 것에 비해 공유의 수준(밀도)이 높아질수록 대학의 과업과 부담이 증가함에 따라 참여하는 대학도 한정적이라는 판단이다. 그러므로 연구진들은 모든 대학은 한 개 또는 복수의 유형에 참가할 수 있고, 기본적으로 전체 대학이 연계형에 참여하고, 다수 대학은 연합형에 참여하며, 일부 대학은 결합형까지 추진을 검토할 필요가 있다고 제언하고 있다.

한편 공유성장 대학체제 관련 교육부도 '대학의 체계적 관리 및 혁신 지원 전략(2021. 5. 20)'을 발표하면서, 공유·협력 기반의 대학 혁신 지원 전략의 일환으로 권역 내 국립대 연합대학 모델 구축을 통한 공동 발전계획 및 대학별 특성화 집중 지원 방안을 제안한 적이 있었다. 개별 대학 발전체제에서 다양한 공유·협력 기반 공동교육혁신체제(연합대학 등) 전환을 지원하고, 국립대학의 경쟁력 및 공적 역할을 강화하겠다는 것이다. 그리고 교육부가 대학 간 공유·협력 모델을 〈표 V-3〉과 같이 제시하였고, 이러한 교육부의 검토 의지는 매우 고무적이다. 그동안 교육부는 대학의 경쟁력, 특성화 등의 기조 아래 개별 대학 간의 경쟁체제에만 주로 관심을 가졌었기 때문이다. 교육부는 대학 간 공유·협력 모델을 대학 간 네트워크, 연합대학, 통합대학으로 분류하고, 대학 간 네트워크 모델은 개별 대학의 거버넌스 구조, 조직, 인사, 재정, 학사 등 대학 운영체제는 독립적으로 유지하되, 개별 대학의 특성화를 반영한 자율적 협력체제를 갖추는 유형으로 분류하고 있다. 연합대학 모델은 개별 대학의 거버넌스 구조는 유지하되, 대학 간 협의체를 구성·운영하여 교원 겸직 발령 등 교원 교류 활성화 및 학생 공동관리 등 학사 공동 운영을 통해 대학 간 공동 발전계획하에 대학(캠퍼스) 간 특성화를 구축하는 유형이다. 그리고 통합대학 모델은 일반적인 통폐합의 의미로서, 대학 거버넌스 통합구조를 구축하고, 대학의 조직, 인사, 재정, 학사 등 대학 운영체제를 단일체제로 전환하여 공동 발전계획하에 캠퍼스별로 특성화를 구축하는 유형이다.

교육부가 제안한 대학 간 공유·협력 모델은 지역 단위로 추진할 것인지, 전국 단위로 추진할 것인지에 따라 적용될 모델이 다를 것이고, 연구중심 대학, 교육 중심 대학, 평생직업 중심 대학 등 대학이 지향하는 교육 방향에 따라 적용될 모델이 다를 것이다. 하지만 앞서도 언급하였듯이, 교육부가 대학의 대학 간 공유·협력의 가치를 인정하고 정책 지원을 전략 방향으로 검토하였다는 그 자체가 큰 변화였다.

〈표 V-3〉 대학네트워크, 연합대학, 통합 모델 비교

	대학 간 네트워크	연합대학	통합대학
거버넌스	개별 대학 독립구조	개별 대학 독립구조 ※ 대학 간 협의체 구성·운영	통합구조
운영	조직, 인사, 재정, 학사 등 개별 대학 운영	학사 공동 운영, ※ 교원 겸직 발령 등 교류 활성화 및 학생 공동 관리 등	조직, 인사, 재정, 학사 등 단일체계
특성화	개별 대학 특성화, 자율적 협력	공동 발전계획하에 대학(캠퍼스) 간 특성화	공동 발전계획하에 캠퍼스별 특성화

출처 : 교육부(2021. 5. 20). 학령인구 감소 및 미래 사회변화에 대응한 대학의 체계적 관리 및 혁신 지원 전략(p.21).

이 책에서 지속해서 강조하고 있듯이, 한국 교육문제의 블랙홀인 대학서열구조를 극복하고, 새로운 대학경쟁력 패러다임을 모색하기 위해서는 대학 간 공유·협력체제 구축은 필연적이라고 본다. 문제는 대학 간 공유·협력의 모델과 유형이 다양하고, 지역에 따라, 대학의 유형(전문대, 일반대)에 따라, 대학의 설립 주체(국공립, 사립)에 따라 이해관계가 다르기 때문에 단기적 추진은 쉽지 않다. 다만, 학령인구 감소에 따라 미충원율이 증가하는 상황에서 대학들이 생존을 위해 정부가 지원하는 사업만 바라보는 현재의 모습은 결코 교육 및 연구 기관으로서의 대학의 위상과는 거리가 있다. 이제는 대학 간 생존은 물론이지만, 지식생산집단으로서 대학의 본질적 기능과 역할 회복을 위해 대학 간 경계를 과감히 허무는 과감성이 요구된다. 대학과 정부가 시대 정신을 반영한 새로운 도전이 필요한 시점이기 때문이다. 하지만 윤석열 정부 들어서면서 교육부와 대학들이 대학 간 공유·협력 모델을 구체화하기 위한 정책 지원과 노력이 지속될 것인지는 불분명하다. 윤 정부가 지향하는 교육개혁 방향이 자유와 자율이라고 한다면, 공유·협력 기반의 대학체제 개편보다는 개별 대학의 경쟁체제에 초점을 두고 다시 정책 지원을 할 가능성이 크기 때문이다.

2 공유성장 대학체제의 논의 전개 과정

오래전부터 지역 간 대학차별, 학벌 구조 문제는 우리 사회의 큰 쟁점이었지만, 서울대의 지위 권력 독점 문제를 본격적으로 제기한 학자는 〈서울대의 나라(1996)〉를 집필한 강준만 교수였다(김종영, 2021, p.178). 대학서열체제의 문제점을 사회적으로 공론화시키는 촉매제 역할을 하였다고 할 수 있다. 그 이후 '대학 평준화'라는 이름으로 대학 학벌체제 개혁에 대한 방안이 학계는 물론 '학벌없는사회', 전교조, 다양한 교육단체들에 의해 꾸준히 제기되어 왔었다. 김경근 교수도 〈대학서열깨기(1999)〉에서 사립대학을 포함한 모든 입시를 평준화하자는 대학평준화안을 제시한 바 있지만, 구체적인 형태로의 국공립대 통합네트워크 방안은 2001년 서울대 장회익 교수 등의 서울대 교수 20명이 제안한 '국립대 협력 및 개방화 방안'과 정진상 교수의 국공립대통합네트워크 방안(2003)이 있다(반상진, 2017).

이들의 문제 제기는 수도권과 지방대학의 격차를 줄이기 위해 지방 소재 대학의 획기적인 발전 유도, 국·공립대학의 저 등록금 정책을 통한 고등교육기회 확대, 우수한 대학체제의 저변 확대로 대학교육의 공공적 가치 확대 등의 현실적인 필요성에 기초하고 있다. 그 이후 학계, 시민사회, 정치권, 정부에서 대학 평준화와 대학연합체제[10] 등 다양한 방안과 대안들이 논의되기 시작하였다.

이를 연차적으로 살펴보면, 2004년 'WTO 교육개방저지와 교육 공공성 실현을 위한 범국민연대'는 〈공교육 새판짜기〉를 출간하여 대학통합네트워크와 대학 자격 고사의 입시 전환을 제안하였고, 민주노동당은 2004년 총선 공약으로 국공립대 공동학위제 및 학부 폐지론을 제시한 바 있었다. 그리고 정부 차원에서는 2004년 참여정부 교육혁신위원회에서 국립대 교수들의 공동선발과 순환 근무 등을 포함하는 국립대 공동학위제 논의가 있었고, 2002년과 2010년에는 서울대 총장이 세종시 공과대학 제2캠퍼스 신설안이나 공과대의 세종시 이전 등의 방안을 발표하기도 하였다(반상진, 2017; 김종영, 2021).

2007년 17대 대통령 선거에서는 새천년민주당 정동영 대선 후보가 국공립대 공동학위제, 민주노동당 권영길 대선 후보가 국공립대 공동학위제 및 서울대 학부 폐지를 대선 공약으로 제시하면서 대학서열체제 해소 관련 의제가 대통령 선거 과정에서도 중요한 의제로 거론되기 시작하였다. 그 이후 정치권에서 2011년 한나라당 정두언 의원이 국립대 통합 네트워크 안을 제안하여 보수당도 이 문제에 관심을 두기 시작하였다는 점에서 주목을 끌었다.

그리고 2012년 18대 대통령 선거 과정에서 다시 대학서열체제 해소와

10) 앞서 공유성장 대학체제의 개념을 정리하였지만, 우리나라의 경우 학자마다 혹은 정치권에서 국·공립대학 연합체제, 국·공립대학 네트워크, 대학 통합네트워크, 대학 공유네트워크 등 다양한 용어를 사용하고 있다. 하지만, 이들이 지향하는 철학이나 운영체제의 틀이 유사하므로 여기서는 대학 연합체제라는 용어로 통일하여 사용하고자 함.

반값등록금에 대한 의제가 주목받았고, 그 과정에서 반상진 교수의 한국형 국립대 연합체제 구축 방안(2012년), 이용섭 의원의 국공립대통합네트워크 설치 방안(2012년), 김상곤 교육감의 통합고등기초대학 안(2012년)이 제안되었다. 그리고 민주통합당 문재인 후보 대선 공약(2012)으로 국립대 통합네트워크 구축 방안이 제안되었다.

2014년 지방자치제 선거에서도 진보교육감 후보들의 공동공약으로 국공립대 통합네트워크 방안이 제기된 바 있었다. 2015년에는 민주화를 위한 전국교수협의회·교수노조·학단협 학자들이 중심이 되어 발간한 〈입시, 사교육 없는 대학체제; 대학개혁의 방향과 쟁점(2015)〉의 저서에서 대학통합네트워크의 구상을 밝혔다. 그리고 이재정 교육감도(2015) 공영형 사립대학을 포함한 대학통합네트워크 구축안을 제시한 바 있다.

2017년 19대 대통령 선거 국면에서도 시도교육감협의회, 사회적 교육위원회(준)(대학 자격 고사 도입 및 대학통합네트워크), 사교육걱정없는세상(대학입학보장제 및 상생 대학네트워크), 조희연 서울시교육감의 통합국립대학-공영형 사립대학에 기초한 대학 공유네트워크 구축 안, 박원순 서울시장의 서울대 폐지/국공립 통합캠퍼스 안 등이 새롭게 제기되었다(반상진, 2017). 그리고 당시 더불어민주당 문재인 대선 후보 공약(2017)으로 대학네트워크 구축을 통해 대학 서열화 완화 및 대학경쟁력 강화 의제가 제안되었다.

2018년 제7회 전국동시지방선거에서 진보성향 교육감 후보들이 공동공약으로 국립대연합체제, 공영형 사립대(안)을 제시함으로써 교육감들도 대학서열구조가 초중등교육 문제의 핵심임을 피해 가지 않고 문제를 제기한 셈이다.

2022년 20대 대통령 선거에서도 대학 서열화 완화를 위한 대학연합체제 논의는 계속되었다. 학계에서는 김종영 교수가 발간한 〈서울대 10개 만들기(2021)〉가 사회적으로 큰 관심을 얻었고, 반상진 교수의 공유성장형 대학

연합체제(2021)안도 있었다. 시민사회에서는 사교육없는세상이 2021년 이후 '대학서열해소 열린 포럼'을 통해 대학네트워크, 대학연합체제 등의 방안을 발표하기도 하였다. 그리고 더불어민주당 이재명 대선 후보는 대학서열체제 해소를 위한 좀더 구체적인 방안으로 한국형 대학원 공유체제와 산업체-지자체-대학 동반성장형 지역대학혁신체제를 공약으로 발표한 바 있었다.

〈표 V-4〉 공유성장 대학체제 관련 주요 논의 내용

연도	내 용
2001	• 서울대 교수 20명(장회익 교수 등) : 국립대 협력 및 개방화 방안
2002	• 서울대 총장 : 세종시 공과대학 제2캠퍼스 신설안
2003	• 경상대 정진상 교수 : 국공립대 통합네트워크 구축안
2004	• WTO 교육개방저지와 교육 공공성 실현을 위한 범국민연대 : 대학통합네트워크와 대학 자격 고사의 입시 전환 제안
2004	• 민주노동당 총선 공약 : 국공립대 공동학위제 및 서울대 학부 폐지론
2007	• 새천년민주당 정동영 후보 대선 공약 : 국공립대 공동학위제 • 민주노동당 권영길 후보 대선 공약 : 국공립대 공동학위제 및 서울대 학부 폐지
2010	• 서울대 총장 : 공과대학 세종시 이전 안
2011	• (故)한나라당 정두언 의원 : 국립대 통합네트워크 안 • 교수단체연합 : 국립교양대학 신설안
2012	• 전북대 반상진 교수 : 한국형 국립대 연합체제 구축 방안 • 김상곤 교육감 : 통합고등기초대학 안 • 민주통합당 문재인 후보 대선 공약 : 국립대 통합네트워크 구축
2014	• 진보성향 교육감 후보 공동공약 : 국공립대 통합네트워크 안
2015	• 이재정 교육감 : 공영형 사립대학을 포함한 대학통합네트워크 구축안 • 민주화를 위한 전국교수협의회·교수노조·학단협 : 대학통합네트워크 안

연도	내 용
2017	• 조희연 교육감 : 통합국립대학-공영형 사립대에 기초한 대학 공유네트워크 구축안 • (故)박원순 서울시장 : 서울대 폐지/국공립 통합캠퍼스 안 • 사교육걱정없는세상 : 대학입학보장제 및 상생 대학네트워크 • 더불어민주당 문재인 후보 대선 공약 : 대학네트워크 구축(안)
2018	• 진보성향 교육감 후보 공동공약 : 국립대연합체제, 공영형 사립대(안)
2021	• 조희연 교육감 : 지역 거점 대학 공동학위제, 통합국립대 네트워크화(안) • 전북대 반상진 교수 : 공유성장형 대학연합체제 • 경희대 김종영 교수 : 서울대 10개 만들기 • 사교육없는세상 : 대학 공동입시 네트워크, 대학연합체제
2022	• 더불어민주당 이재명 대선 후보 공약 : 한국형 대학원 공유체제와 산업체-지자체-대학 동반성장형 지역대학혁신체제 • 정의당 심상정 대선 후보 공약 : 선진형 대학체제(서울대 10개 만들기)

윤석열 정부가 들어서면서 국정과제 중 '85. 이제는 지방대학 시대'의제가 제시되었다. 하지만 이 과제는 대학연합체제를 통한 대학 간 공유성장의 가치보다는 지역대학에 대한 행·재정 권한을 중앙정부에서 지자체로 위임하고, 지자체, 지역대학, 지역 산업계 등이 참여하는 (가칭)지역고등교육위원회 설치, 지역인재 투자협약제도, 지역 소재 연구중심대학 육성, 지역 우수연구자 양성, 국립대병원의 지역 공공의료 중심 등 권한 위임과 지방대학에 대한 후원적 지원에 초점을 두고 있다. 이를 위해 교육부 '지역혁신중심대학지원체제(RISE)사업'을 추진하고 있지만(5년 사업), 지역대학에 대한 행·재정 권한을 지자체로 위임한다면 재정자립도가 취약한 지자체 입장에서는 더욱 어려운 난제를 안게 될 것으로 전망된다.

이와 같이 지난 25년 동안 우리 사회는 대학서열체제 해소를 위한 치열한 논쟁과 다양한 방안 마련을 위해 노력해 왔다. 대학연합체제 구상은 초기에는 국·공립대학 연합 중심으로 논의되었지만, 현재는 국·공립대학은 물론 사립대학 연합체제의 필요성이 제기되는 등 대학체제의 전반적인 개편이 논의되고 있다. 그리고 대학 연합체제안은 프랑스의 파리대학[11] 사례와 미국 주립대 중심의 Big Ten, Pac Ten 등 주립대학 연합체제(affiliated university system)를 벤치마킹한 것으로 판단된다. 논의 구조가 확산되는 것은 고무적이지만, 정책의 정교성과 실현가능성에 문제가 있는 것인지, 아니면 정부와 정치권의 의지 부재에 문제가 있는 것인지 분명하지 않지만, 아직도 실현되지 않고 논의 단계에 머물러 있는 상황이다. 외국 사례의 단순 벤치마킹보다는 한국 대학체제에 맞는 방안 마련에 이제는 함께 머리를 맞대기를 기대한다.

3 공유성장을 위한 대학체제 대전환을 위하여

앞서 언급하였듯이, 극단화된 대학서열구조와 학벌 중시 고용구조로 인한 교육의 병목 현상은 한국 교육문제의 블랙홀이 되었다. 서울 중심의 공간 병목, 명문대 중심의 대학 병목, 상대평가로 인한 시험 병목, 학벌 구조에 의존한 노동계급 병목 등으로 수도권 일명 명문대 중심의 서열구조가 고착화되었다. 이는 사교육 심화, 시험 위주의 성적 경쟁, 과열 대학입시 등으로 교육 양극화, 교육 불공정, 교육 불평등 현상 등을 확산시킨 결과를

11) 프랑스에서는 68혁명 이후 촉발되어 1971년 대다수 대학을 국립화·평준화하는 개혁이 이루어짐. 대학입학 능력을 측정하는 자격시험에 해당하는 '바칼로레아(Baccalaureat)'를 치른 후에, 파리 시내의 1대학(법학·역사학·철학)부터 13대학(법학·경제학·문예학·의학)까지를 선택하여 입학함. 물론 프랑스에서도 대학간에 서열이 완전히 존재하지 않는 것이 아님. 국립행정학교(ENA)등 행정엘리트 양성기관인 그랑제콜이 병렬적으로 존재함(서울시교육청, 2017).

초래하였다.

한편, 대학체제의 기초(fundamental) 붕괴로 고등교육체제는 존폐 위기 국면에 있다. 학령인구 감소로 인해 대학입학정원이 신입생 수를 넘어서는 역전 현상이 시작되었고, 2021년부터 대학 정원의 4만여 명 미달 사태가 발생하였다. 대학등록금 의존율(국공립대학 25.7%, 사립대학 62.9%)이 높은 우리 대학재정 구조의 특수 상황에서 재학생 수 감소는 곧바로 대학의 재정위기로 이어지고 있다. 이로 인해 수도권과 비수도권 소재 대학 간의 격차는 더욱 심각해지고 있다.

이러한 심각한 상황을 초래한 것은 다양한 요인이 있겠지만, 지난날 개인, 개별 학교 간의 경쟁을 지향했던 신자유주의 교육개혁에 대한 문제점을 솔직히 인정해야 한다. 교육계도 더 이상의 무의미한 정치 이념적 논쟁에서 벗어나 향후 교육의 새로운 가치와 체제 마련을 위한 노력이 요구되는 시점이 되었다.

그리고 인구구조 변화, 제4차 산업혁명, 연대·협력사회, 포스트코로나 뉴노멀사회 등의 혼합위기(Hybrid Crisis) 시대를 맞이하여 대학은 위기 대응 및 미래 국가 성장의 핵심 동력으로 대학체제 대전환이 요구된다. 이러한 대전환 시대 대학은 새로운 질서와 가치 창출, 인재 양성의 핵심 기능을 수행해야 할 사회적 책무가 있다. 미래 국가 성장의 핵심은 인적자본의 질 향상과 노동생산성의 질 향상에 있고, 이를 위해 대학혁신투자 확대는 시대적 과제가 되었다.

이러한 상황인식에 기초하여 이 책에서는 한국 교육문제의 블랙홀인 초극단화된 대학서열구조 해소와 혼합위기 시대 대학의 위기 대응 및 미래 국가 성장의 핵심 동력으로 대학체제를 재창출하는 방안으로 '공유성장을 위한 대학체제 대전환'를 제안하고자 한다. 구체적으로 이 방안의 지향점을 진술하고, 이 방안의 구도를 단계적·입체적 접근에 기반하여 1) 국가 책임 대학지원체제 구축, 2) 공유성장형 대학연합체제[12] 구축, 3) 성장 지향 대학진단체제 구축 등으로 제안하고자 한다([그림 V-1] 참조).

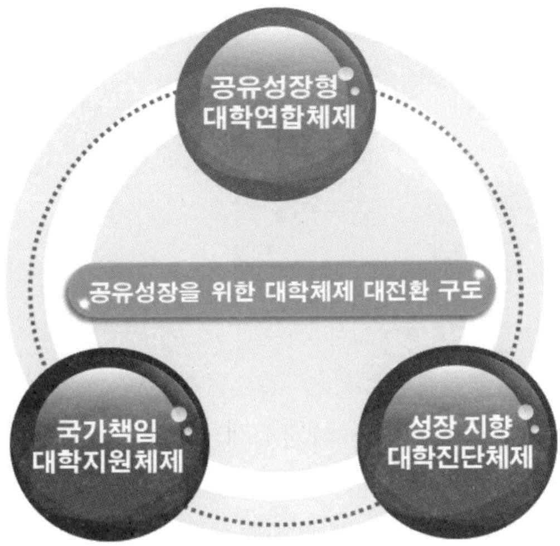

[그림 V-1] 공유성장을 위한 대학체제 대전환 구도

가. 공유성장을 위한 대학체제 대전환의 지향점

공유성장을 위한 대학체제 대전환 구조가 지향하는 바는 다음과 같다.

첫째, 대학체제의 새로운 성장 패러다임 구축을 지향한다. 기존의 개별 대학 간 경쟁체제를 대학 간 연계·협력체제로 전환해 대학 간 상생 발전과 질적 상향평준화 등 대학구조의 체질 변화와 대학들이 함께 성장하는 새로운 미래지향적 대학경쟁력 패러다임을 구축하자는 의미이다. 공유성장을 위한 대학체제 대전환이 지향하는 대학 간 공유·협력체제로 전환하면,

12) '공유성장형 대학연합체제'의 용어는 필자가 2019년 5월 8일 이상민 의원실, 도종환 의원실, 홍영표 원내대표실, 민주연구원, 교육을바꾸는새힘, 사교육걱정없는세상이 주관한 세미나에서 "대학서열화 해소 위한 방안; 공유성장형 대학연합체제를 지향하며"라는 주제로 발표하면서 처음으로 공식적으로 사용한 바가 있고, 필자가 한국교육개발원 원장 재임시 조옥경 등 연구진과 협의를 통해 수행된 "대학의 공유성장을 위한 대학체제 개편 방안 연구(조옥경 외, 2019)"에서도 '공유성장형 대학체제'라는 용어를 사용하고 있음을 밝히는 바임.

Williams(2017, pp.29-35)도 분석하였듯이, 대학의 교육과 연구 성과 등 학문적 성과 증진에 영향을 주고(academic impacts), 인적·물적 자원의 공유로 인한 효율적 재정 운영에도 의미 있는 영향(financial impacts)을 주기 때문에 새로운 대학 성장의 기폭제가 될 것으로 기대한다. 아울러 대학 간 공유·협력이 이루어지면 집단지성체제로 운영되기 때문에, 대학 운영의 투명성과 민주성, 그리고 공공성을 더욱 강화할 수 있을 것이다. 그리고 앞서 프랑스 대학통합 및 연합 정책 사례에서 살펴보았듯이, 2003년 프랑스가 역사상 처음으로 세계대학순위에서 상위 100위에 도달한 대학은 3개뿐이었다는 사실에 충격을 받고 선택한 정책이 지역대학의 경쟁력 강화에 초점을 둔 대학 간 통합 및 연합체제를 위한 재개편 작업이었다는 점을 상기할 필요가 있다.

둘째, 우리나라 고질적인 교육문제의 블랙홀인 대학 학벌 구조 혁파와 교육 양극화 해소를 지향한다. 수도권 중심의 이른바 명문대학에 못지않은 일류대학의 저변을 지역에 확대함으로써 지역마다 질 높은 대학체제를 구축하는 좋은 대학 서열화 조성을 위한 제도적 대전환을 의미한다. 소수 일류대학체제에서 전국 단위의 다수의 일류대학체제로 전환하여 왜곡된 대학입시경쟁을 완화하고, 다양하고 공정한 대학입시체제로 초·중등교육 정상화를 유도한다. 학벌에 의한 지위 권력과 공간 권력의 균형화를 위해 공유성장을 위한 대학체제 대전환 방안은 사회개혁의 핵심 고리로 작용할 것이다.

셋째, 대학균형발전을 중심축으로 국가균형발전을 촉진시키는 사회·경제적 가치 실현을 지향한다. 이 방안은 대학 간 연합체제와 지역과의 협력과 연계로 지역의 균형발전과 지역혁신 성장 도모하는 것으로서, 이를 통해 지역산업의 생산 유발효과, 고용유발 효과 등 지역경제성장을 유도하여 국가균형발전의 초석을 마련하자는 의미이다. 수도권 집중화 현상은 오래전부터 우리 사회의 국가적 난제였지만, 2020년 기점으로 수도권 인구가 비수도권 인구를 초월하는 인구역전 현상이 발생함으로써 그 심각성은 더욱 악화되고 있다. 공공기관 및 산업체의 지방 이전과 같은 직접적인 방식과 함께, 질 높은 대학체제를 지역에 구축하여 지역교육과 지역발전의 선순환 구조를 마련하는 것이 근본적 대안일 것이다[13].

나. 공유성장을 위한 대학체제 대전환의 구도

공유성장을 위한 대학체제 대전환의 구도는 1) 국가 책임 대학지원체제 구축, 2) 공유성장형 대학연합체제 구축, 3) 성장 지향 대학진단체제 구축 등으로 구성된다.

1) 국가 책임의 대학지원체제 구축

대학체제 개편을 위해 우선적으로 정부가 해야 할 책무이자 선결 조치는 대학지원에 대한 법적 장치를 마련하는 것이다. 우리의 현실을 보면, 대학의 설치 운영이 법률에 근거하지 않아 법적 지위가 매우 취약하고, 대학재정에 대한 법적 근거도 매우 미미하여 대학에 대한 국가의 책무성이 매우 취약한 것이 문제점으로 지적되어 왔다.

실제로 국립대학 관련 법적 근거는 매우 기이한 구조로 되어 있다. 국가가 설립·운영하고 있는 국립대학의 법적 근거가 법률도 아닌 대통령령에 규정되어 있고, 그것도 국립대학설치령도 아닌 '국립학교설치령'(대통령령 제27260호)'에 규정되어 있다. 이는 국립대학의 위치가 마치 교육부의 부속기관으로 간주하고 있는 것이다. 하지만 특이한 것은 법인화가 이뤄진

---

13) 미국의 상위 50위권 대학은 동부 17, 중부 12, 서부 12, 남부 9개, 일본의 세계 100위권 7개 대학은 도쿄, 교토, 큐슈, 오사카, 도후쿠, 나고야, 홋가이도 등 지역에 고르게 분포되어 있음. 그리고 대학이 지역 생산 유발 효과, 고용유발 효과 등 지역경제에 미치는 영향이 큼(차대규·조재완, 2003; 황신준, 2015; 최정은·홍성훈, 2017; Felsenstein, 1996; Harris, 1997; Mattoon, 2006; 서영인 외, 2021).

서울대와 인천대, 울산과기대, 카이스트 등은 개별 특별법에 의해 설치 근거가 법률에 의거하고 있어 형평성에 맞지 않는 법적 구조를 가지고 있다. 또한 국립학교 설치령에 설치된 국립대학의 재정 운영은 '국립대학의 회계 설치 및 재정 운영에 관한 법률(국립대학회계법)'로 규정되어 있어 국립대 설치와 재정 운영에 관한 법적 근거가 불균형한 상황이다. 우리나라 사립대학의 설치도 별도의 법률에 근거하는 것이 아니라 유·초·중등·고등을 포함한 '사립학교법'에 근거하고 있다.

국립대학과 사립대학의 설치에 대한 미약한 법적 근거는 대학재정지원에 대한 미흡한 법적 근거로 이어진다. 고등교육법 제7조 제1항에 의하면 '국가와 지방자치단체는 학교가 그 목적을 달성하거나, 재난 등 급격한 교육환경 변화의 상황에서 교육의 질을 관리하는 데 필요한 재원(財源)을 지원하거나 보조할 수 있다.'라고 되어 있다. 초·중등교육은 '지방교육재정교부금법'에 의해 내국세 20.79%를 교육재정으로 확보할 수 있는 법적 장치가 있는 반면에, 대학에 대한 국가의 재정지원은 임의 규정으로 마련해 놓고 있다.

앞서 프랑스 사례에서 보았듯이, 대학의 통합과 연합을 촉진하기 위하여 프랑스 정부가 사전에 취했던 조치가 바로 2006년 굴라드법(Loi Goulard)과 2013년 피오라소법(Loi Fioraso) 제정이었음을 주목해야 한다. 따라서 우리나라의 경우 우선적으로 대학 설치 운영에 대한 법적 근거를 마련하는 것이 시급하다. 지난 2021년 11월 유기홍 더불어민주당 의원이 '국립대학법안'을 발의했고, 교육부도 이 법안 제정에 대해 긍정적인 입장이기 때문에 늦었지만 다행스러운 상황이다. 하지만 전체 대학의 86% 이상을 차지하고 있는 사립대와의 형평성과 재원 마련 등의 문제가 남아 있어 사립대학법 제정의 필요성도 동시에 요구된다.

현재 상황을 고려할 때, 국가 책임의 대학지원체제 구축 방안은 국립대와 사립대 설치에 대한 법적 근거와 대학 간 공유, 연대, 협력할 수 있는 법적 근거, 그리고 대학재정 확충을 위한 법적 근거 마련이 핵심이다. 이를 위해 첫째, 국립대학법과 사립대학법 제정이 최우선 과제이다. 이는 대학의 역할 강화와 자율성 확보 방안을 제도화하기 위한 최소한의 장치이기 때문이다. 국립대와 사립대 모두 대학의 설립·조직 및 운영, 재정지원 및 회계 운영 등에 관한 법적 장치를 확보함으로써 대학 운영의 투명성과 책무성, 자율성을 보장받을 수 있다.

둘째, 대학의 연계과 연합을 촉진하는 법적 장치를 마련해야 한다. '대학공동체 협력 및 연합체제 지원법(가칭)'을 제정하여 전국 단위 혹은 지역 단위로 대학 간 연계, 협력, 연합, 합병 등의 유형 중 자발적으로 선택하여 운영하거나, 지자체-대학 간의 지역혁신체제를 설립할 수 있는 법적 장치를 마련해야 한다.

셋째, 정부로부터 안정적인 대학재정 지원을 위한 법적 장치를 마련해야 한다. 우리 대학의 체질 변화와 대전환을 위한 최소한의 예산 규모는 GDP 대비 1%를 확보하는 것이다. 이를 근거로 반상진(2020d)는 대학재정의 안정적 확보를 위한 법적 장치로 5개 안을 제시한 바가 있다. 즉, ① 5년 한시적으로 집중 투자하는 대학균형발전을 위한 특별법(가칭) 제정, ② 교육비 부담 경감과 대학체제 개편을 위한 고등교육재정교부금법(가칭) 제정, ③ 정부 부담 고등교육재정의 일정 비율 확보하는 고등교육법 개정, ④ 기업의 대학에 대한 사회적 책무성(법인세)과 소득 재배분(소득세) 효과를 얻기 위해 고등교육세 신설, ⑤ 현행 사학진흥기금의 규모를 확대 개편하여 사립학교발전기금(가칭)을 조성하는 방안 등이다. 학생 수 감소라는 이유로 교육투자를 감축하려는 시도는 교육투자를 경제성의 잣대로 보려는 관성적 사고이다. 교육투자는 논리나 명분의 문제가 아니라 국가의 의지 문제임을 다시한번 강조하고자 한다.

2) 공유성장형 대학연합체제 구축

앞서 제안한 '대학공동체 협력 및 연합체제 지원법(가칭)'을 제정하면 지역과 대학의 여건과 특성에 따라 대학 간 합병을 하거나, 다양한 대학 간 연계 협력체제를 구축할 수 있지만, 여기서는 '공유성장형 대학연합체제'를 제안하고자 한다. 대학 간 합병(merger)은 하나의 공통 법인으로 운영하는 방식이기 때문에 국가보다는 대학 간의 의지가 중요한 요인일 가능성이 높고, 대학협력(collaboration)체제는 여러 대학이 각자 독자적으로 정체성을 가지고 운영하면서 서로 협력을 하지만 공동 조직의 지배구조에 의해 운영되는 대학연합(alliance)의 형태보다 더욱 느슨한 방식이다. 여기서는 대학 간 연계 협력을 좀 더 적극적으로 구체화시킬 수 있는 공유성장형 대학연합체제의 구도를 제안하고자 한다.

□ 개념

공유성장형 대학연합체제는 대학 간 물적·인적 자원 공유와 연계로 교육과 연구 역량의 상생 성장을 꾀하고, 이를 통해 대학교육과 학위의 사회적 공신력을 확보하여 개별 대학의 경쟁력이 아닌 대학체제의 경쟁력 강화를 지향하는 공유성장체제를 의미한다.

□ 기본 방향

공유성장형 대학연합체제의 기본 방향은 내재적 역량 강화와 외재적 역량 강화에 초점을 두고 있다. 내재적 역량 강화는 대학체제의 체질 개선을 도모할 수 있다는 점이다. 정부에 순응하는 대학이 아닌 대학 간 자율 결정 권한을 확대하고, 대학의 교육 및 연구 분야의 자율적 특성화(학풍), 산학협력체제 구축 등 상향식 추진 방식을 통해 대학체제의 공공성, 책무성, 민주성, 자율성, 투명성 등을 강화할 수 있다.

외재적 역량 강화는 대학의 본질적 기능 회복을 통해 학벌주의 타파, 사회양극화를 완화하는 계층사다리 역할의 중심축으로 작용할 수 있고, 대학 균형발전과 국공립대와 사립대와의 상생 발전을 통해 대학교육의 기초체력을 강화할 수 있다. 아울러 한국형 공유성장형 대학연합체제로 발전시켜 선진 대학체제를 추격하는 방식이 아닌 선도하는 방식으로 국제적 위상을 높일 수 있다.

□ 운영 구조

【1단계 : 설립별 공유성장형 대학연합체제】

① 유형별 국립대연합체제 구축 운영

국립대학을 3가지 유형(연구중심 국립대, 교육 중심 국립대, 평생·직업 교육 중심 국립대)로 구분하여 연합체제로 운영하는 방식이다. 국립대 하향 평준화의 우려를 불식시키기 위해 10개 내외의 지역거점 국립대학을 중심으로 연합체제를 구축하여 '연구중심 국립대 연합대학체제'로 발전시키고, 그리고 '교육 중심 국립대 연합체제', '평생·직업교육 중심 국립대연합체제'를 전국 단위 혹은 권역별로 구축하여 강소대학으로 육성하자는 전략이다. 3가지 유형의 국립대 연합체제의 기본 전제는 반값등록금, 전임교수 비율 확대, 공공기관의 지방대 졸업생 채용 의무화 등을 위해 정부가 선행적으로 집중 투자하는 것이다.

국립대 연합체제의 지배구조는 유형별로 각각 '국립대학 연합운영위원회(가칭)'를 설치·운영하도록 한다. 이 위원회는 국가로부터 국립대학 경영 권한을 위임받는 주체이자 상위 의사결정기구로서, 대학 간 상호 자율협력 체제 및 공조체제 모색할 수 있는 대학자치 운영기구이다. 그리고 이 위원회는 정부와 국립대학 간의 재정 및 정책 등을 조율할 수 있는 조정기구(coordinating agency)의 성격을 지닌다.

그리고 유형별 국립대연합체제 내에서 학생선발 기준의 표준화를 통해 '공동 학생선발제'를 도입·운영하여 단순 우수 성적 학생선발이 아닌 학생들 잠재력 중심의 역량 기준으로 선발하여 가치 기준의 학생선발제로 전환한다. 유형별 국립대연합체제 내에서 교육과정과 강의 개방, 학점교류, 교수교류 등을 완전 자율화하고, 국립대 학생의 질 향상과 사회적 공신력을 높이기 위해 국립대학들이 공인할 수 있는 학력 기준에 근거한 '학력인증제'를 도입한다. 학력인증제는 국립대학 연합체제에서 교육을 이수한 졸업자를 대상으로 학위 인증 여부를 실시하고, 이에 대한 성적과 능력을 국가가 인증함으로써 노동 시장에서는 대학 간판이 아닌 능력 중심으로 채용할 수 있는 제도를 마련하자는 취지이다.

유형별 국립대연합체제 내에서 '공동학위제'를 도입·운영하고, 이를 통해 동일한 졸업장 수여가 가능함으로써 국립대연합체제가 사실상 완성되는 것이다. 공동학위제와 학력인증제는 국립대 학생들의 질 향상과 사회적 신뢰 구축을 통해 대학 서열화를 완화시키는 공적 기제로 작용할 것으로 기대한다.

② 유형별 사립대연합체제 구축 운영

사립대연합체제가 지향하는 바는 사립대 중심의 대학지형 개편과 경쟁력 강화이다. 대학지형을 개편해야 하는 이유는 우리나라 대학교육이 지나치게 사립대 중심이기 때문이다. 교육통계연보에 의하면, 2022학년도 기준 전문대를 포함한 한국의 대학은 426개에 이른다. 사립대학이 369개(86.6%)나 되고 국공립은 57개(13.4%)에 불과하다. 이를 4년제 대학으로 좁혀보아도, 200개의 대학 중 국·공립대학이 44개(22.0%)인 반면에 사립은 156개(78.0%)에 이른다. 국가가 재정 부족으로 국립대를 크게 설립할 능력이 없다면, 국공립대학과 사립대의 중간 성격인 '정부지원형 사립대'운영도 이제는 깊이 고민할 필요가 있다. 장기적으로 발전가능성이 있고, 지역적으로 필요한 사립대를 '정부지원형 사립대학'이란 새로운 유형의 대학을 운영하도록 정책적으로 유인하고, 이들 대학에게는 정부가 공적 재원을 지원하되 협약을 통해 대학지배구조를 투명하고 민주적으로 운영하도록 재구조화하는 것이다.

따라서 사립대연합체제는 정부지원형 사립대연합체제와 건전 사립대 중심의 연합체제로 두 유형으로 구분하여 구축하는 방안이다. 사립대 연합체제의 지배구조는 참여 사립대들의 고유한 법인격은 유지하되, 각각의 유형별로 정부지원형 사립대학의 상생발전을 위해 '정부지원형 사립대학 연합운영위원회(가칭)' 설치·운영하고, 건전 사립대 연합체제는 '사립대학 연합운영위원회(가칭)'를 설치·운영하여 대학 간 연계·연합을 위한 공동 의사결정기구를 마련하도록 한다. 그리고 각 유형의 연합체제 내에서 학생선발의 표준화 등 특성화된 입시제도 운영, 교육 및 연구여건 개선, 교수 및 학점교류 완전 자율화, 교육과정, 학위 수여 등 특성화 전략 수립 및 운영에 관한 합의를 도출해 내는 대학 간 자율적 협의 체제를 마련하도록 한다.

【2단계 : 한국형 국립대-사립대연합체제(중장기)】

앞서 1단계에서 국립대 연합체제와 정부지원형 사립대 및 건전 사립대 연합체제가 어느 정도 정착이 되었다면, 2단계에서는 궁극적으로 국립대학 연합체제 진입을 원하는 정부지원형 사립대와 건전 사립대에도 개방하여 전반적인 대학구조를 협력·연합체제로 전환하여 장기적으로 '국립대-사립대연합체제'를 설치하는 것이다. 대학설립 주체와 관계없이, 개별 대학이 아닌 대학연합체제로 우리나라 대학의 역량과 경쟁력을 강화하자는 것이다. 국립대와 사립대 비율의 불균형, 지역 간 대학교육의 불균형, 초 극단화된 대학서열구조 혁파 등 우리나라만이 가지고 있는 대학교육의 특수한 쟁점을 극복하기 위해 국립대-사립대연합체제로 대전환하자는 것이다. 최근 프랑스가 고등교육경쟁력 회복을 위해 대학 간 협력·연합체제로 전환한 사례에서 보듯이, 우리도 국립대와 사립대가 함께 연합체제로 운영하는 것은 생소하거나 무리한 생각은 아니다.

국립대-사립대연합체제는 전국 단위 혹은 지역 단위에서 대학 간 연합체제로 운영할 수 있다. 특히 지역 단위로 대학 간 연합체제를 구축하는 경우 학령인구 감소와 수도권 집중으로 지역대학과 지역 사회가 위기에 처한 현실을 타개하기 위해 지역별로 지방정부와 지역산업체, 대학이 상생 성장하는 대학체제를 구축하는 것으로서 운영 주체는 법인격인 '지역별 대학연합법인(가칭)'이 된다. 정부는 지역별로 설치된 대학연합법인에 교부하여 재정적 안정성을 보장해 주고, 법인 내에서 교육과 연구의 자율성과 투명성, 민주성 등에 기초하여 운영하도록 한다. 지역산업의 필요와 청년들의 요구에 부응하여 대학 교육프로그램을 혁신하되, 지역 여건에 따라 대학별 학과나 전공이 연계되는 대학 간 공동학위와 공동입학까지 가능한 연합대학을 추진한다. 다른 국가에서 시도하지 않는 공동입학과 공동학위까지 확장하기 때문에 '한국형'이라고 명명해도 문제가 없다고 본다.

【3단계 : 글로벌 대학연합체제(장기)】

지금까지 한국교육은 선진 외국의 교육제도와 정책을 답습하는 추격형이었다. 하지만 코로나 팬데믹 초기 전 세계가 주목했던 K-방역에서 경험하였듯이, 그리고 현재 K-culture 등 소프트파워(soft power) 강국으로 인정받고 있듯이, 한국은 더 이상 후발형, 추격형의 국가는 아니다. 자신감만 있다면 어떤 분야든 세계적인 수준으로 거듭날 수 있는 잠재력이 있는 국가가 되었다고 본다.

한국형 국립대-사립대연합체제가 성공적으로 추진된다면 장기적으로 한국이 주도적으로 '글로벌 대학연합체제'를 구축하는 것이 3단계의 최종 목표이다. '한국형 공유성장형 대학연합체제'라는 새로운 패러다임으로 글로벌 교육 가치사슬을 모색하자는 것이다. 이 체제의 국제적 공신력을 확보함으로써 한국이 주도하여 다른 국가 대학체제와 연합하여 국제적으로 통용할 수 있는 글로벌 대학 학위체제를 구축할 수 있다.

공유성장형 대학연합체제는 지금까지 우리가 가보지 않은 새로운 길이다. 하지만, 대학서열 체제 완화로 학교 교육 정상화 유도 및 학력·학벌 사회구조를 개선하기 위해서는 대전환이 필요하고, 이 모형이 주는 기대치는 결코 간과할 수 없다. 21세기 집단창의성, 상호 협업능력의 시대에 적극적으로 대응하는 대학체제의 새로운 경쟁력 확보, 학령인구 감소에 대비한 지역 소재 대학의 기초 체력 강화, 지역인재 유출 감소, 국가균형발전에 기여, 입시 사교육과 선행학습 사교육 근절, 공교육 정상화와 교육의 초양극화 현상 완화 등을 위해 공유성장형 대학연합체제는 새로운 국가적 도전이라고 본다.

3) 성장 지향 대학진단체제 구축

우리나라 대학정책 중 가장 쟁점이 되는 것이 대학평가이다. 대학평가 공화국이라고 불릴 정도로 무수한 평가가 이루어지고 있다. 대학구조개혁 평가(현재는 대학기본역량평가), 교원양성기관평가, 각종 대학재정지원사업 평가, 그 외 한국대학교육협의회 혹은 전문대학협의회에서 실시하는 대학평가인증제 등이 그 예이다. 그중에서 가장 주목을 받고 대학을 힘들게 하는 평가가 바로 대학구조개혁 평가였고, 그 역사적 뿌리는 문민정부의 5·31 교육개혁안이었다. 그 이후 정권마다 대학구조개혁 평가의 방향이나 지향점에는 다소 차이가 있었지만, 주로 대학의 질 관리와 대학 정원감축에 초점을 두어 왔다. 물론 1990년대 실시되었던 초기 대학평가는 양적·질적으로 불비했던 대학의 교육·연구 여건이나 각종 대학프로그램 등을 업그레이드시키는 촉진제로서 긍정적 측면이 있었다. 하지만 대학구조개혁 평가가 개별 대학의 선택 사항이 아닌 모든 대학을 대상으로 일괄 평가에 의한 정부 주도의 대학구조개혁 평가 방식으로 추진하였고, 평가를 통한 차등지원 방식으로 추진하다 보니 대학은 정부의 전형적인 직접 통제 방식으로 인식할 수밖에 없었다. 그보다 더 중요한 문제는 무수히 진행되어 왔던 대학평가의 지향점, 평가 방식, 정책의 파급 효과 등이 과연 대학체제의 근본적인 변화를 이끌었는지에 대한 강한 의문이다.

법적 근거도 없이 모든 대학을 대상으로 일괄평가하여 대학 정원감축 등과 같은 정부의 의도를 강요함으로써 행정 권력 절대화 현상이 공고히 되었다. 그 결과, 대학평가 메커니즘은 대학 간 격차 심화, 대학의 자율성 침해, 대학의 순응주의 확대, 각종 평가 대비 대학행정비용 증대, 대학 구성원 간의 갈등 확산, 대학의 획일화, 경직된 대학문화 조장, 대학본부의 선전효과로 전락, 정작 모든 사업의 수혜자인 교수와 학생들에게는 무의미한 투자 등 대학의 불만과 부작용(반상진·김용·김민희·송경오·이차영, 2018)이 있었던 것이 사실이다.

지난 문재인 정부에서는 이러한 문제점을 인식하고, 대학순위 및 등급 방식과 평가를 통한 차등지원 방식을 개선하였고, 대학 정원감축을 지향하는 대학구조개혁이 아니라 대학의 기본 역량을 갖추었으면 통과 여부를 판단하여 대학에 일괄재정지원하는 방식으로 개편한 대학기본역량평가로 전환하였다. 그럼에도 불구하고, 모든 대학을 대상으로 하는 일괄평가 방식, 평가지표에 의한 평가 방식에 대한 대학들의 문제의식은 여전하다.

대학이 자율혁신 역량을 갖추기 위해서는 외부로부터의 평가 혹은 진단은 보조적 역할로써 필요하다. 따라서 기존의 대학평가 패러다임에서 벗어나 '대학 성장 지향의 선지원 후평가' 체제로 전환하는 성장 지향 대학진단 체제가 도입될 필요가 있다. 이는 대학체제 대전환과 연동하는 방식으로 1단계는 현행과 같이 대학에 일반재정지원 여부를 판단하는 대학기본역량 진단 체제는 유지하고 대학이 기본적인 역량을 갖추었다면, 그다음 2단계에서는 정부와 대학 간 자율협약 진단체제로 전환한다. 이는 정부와의 협약을 통해 대학은 특성화된 교육 및 연구, 혹은 사업을 대학의 특성과 여건에 맞게 추진하고 정부로부터 특수목적지원을 받는 방식이다. 2단계가 어느 정도 정착이 된다면 그 후 3단계는 정부의 개입이 없이 대학 주도로 추진하는 대학 자율성장 진단체제의 도입이다. 이 체제는 대학의 자율 역량과 투명성을 신뢰한다는 전제로 추진하되, 대학 간 전문가 동료 검토(peer review) 방식으로 대학 간 상호 진단, 점검하는 방식이다. 다만, 단계별 대학

진단체제를 통해 국가로부터 기본적으로 지원은 받되, 불법 운영 대학에 대해서는 삼진아웃제를 도입하여 국가 지원을 전면 제한하는 선지원 후평가 방식으로 운영한다.

일명 일류대학으로의 진학이 성공으로 이어지는 우리 사회는 오래전부터 성적 경쟁과 배제의 논리가 지배해 왔다. 죽음의 트라이앵글, 수포자 및 영포자로 불러지는 좌절의 교육, 계급에 따른 수저론 등이 우리 교육의 처절한 단상을 보여주는 시대적 표현이 된 지 이미 오래전이다.

더 이상 학생들에게 지식 암기 경쟁의 지옥 같은 교육을 강요할 수 없다. 대전환 시대, 혼합위기 시대에 세상의 변화는 더 이상 지식 위주의 성적 경쟁교육은 용납하지 않는다. 그에 따라 교육도 대전환이 요구된다. 교육대전환은 학생의 학습과 삶의 질의 균형발전을 목표로, 그리고 생애 전반기 배움에서 평생 배움을 목표로 해야 한다. 그리고 교육대전환은 개인과 기관 간의 교육경쟁과 배제가 아닌 교육연계 협력, 네트워크, 공존을 지향하는 새로운 교육관(학습관), 교육 가치와 내용, 그리고 대안적 공생교육체제를 모색해야 한다. 이것이 이 책의 전반적인 문제의식이다.

한국 교육문제의 블랙홀인 초 극단화된 대학서열구조 해소와 혼합위기 시대 대학의 위기 대응 및 미래 국가 성장의 핵심 동력으로 대학체제는 이제 새롭게 대전환해야 한다. 이 책에서 제안하는 '공유성장을 위한 대학체제 대전환'의 기본 구조는 1) 국가책임 대학지원체제 구축, 2) 공유성장형 대학연합체제 구축, 3) 성장 지향 대학진단체제 구축 등이다. 가보지 않은 새로운 길이다. 예측과 논리로 설명할 수 없는 미래라고 한다면 그리고 고정관념에서 벗어난 새로운 사고(thinking outside the box)가 필요한 교육대전환 시대에 살고 있다면, '미래를 대비한 교육(education for the future)'이 아니라 '미래를 창조하는 교육(education creating the future)'이 되도록 새로운 도전의 시기를 용기있게 맞이해야 한다.

한국 대학체제의 새판 짜기

- 공유성장을 위한 대학체제 대전환을 위하여 -

참고문헌

한국 대학체제의 새판 짜기

- 공유성장을 위한 대학체제 대전환을 위하여 -

[참고문헌]

강유덕·김균태·이철원·오태현·이현진 (2012). 유럽 재정위기의 원인과 유로존의 개혁과제 (연구보고서 12-12). 대외경제정책연구원.

고현승 (2019). "日 사법시험 AI가 뚫었다 … 韓 대입시험도 자신". MBC 뉴스데스크 (5월25일자 보도)

교육부 (2019.06.04). 교육부, 강사 고용안정 - 대학교육 질 개선 적극 나선다; 「고등교육법 시행령」개정안 국무회의 통과,「대학 강사제도 운영매뉴얼」 확정 (보도자료).

교육부·한국교육개발원 (2021). 2021 간추린 교육통계.

교육부 (2021. 2). 디지털 혁신공유대학 사업 기본계획 시안.

교육부 (2021. 3. 9). 2021년 국립대학 육성사업 기본계획. 보도자료.

교육부 (2021). 2020 교육 분야 코로나 19 대응.

교육부 (2021. 5. 9). '2020 교육 분야 코로나 19 대응' 백서 발간. 보도자료.

교육부 (2021. 5. 20). 학령인구 감소 및 미래 사회변화에 대응한 대학의 체계적 관리 및 혁신 지원 전략.

교육부 (2021. 7). "프랑스 내 대학의 통합 및 연합 정책". 2021년 7월 해외교육정보 동향자료; 재외 한국교육원장 보고 자료.

교육부 (2022. 7. 29). 새 정부 교육부 업무보고; 국민과 함께 만드는 교육, 자율 속에서 성장하는 인재 (보도자료).

교육부 (2022. 9. 15). 대학의 자율혁신과 자발적 적정규모화 추진을 적극 지원 (보도자료).

교육의 봄 (2022. 3. 3). 11개 기업 2416명 직원들 분석 결과 : "주요 스펙 (출신학교, 학점, 어학성적)과 업무성과, 관련성 없어 … " 보도자료.

권순형 외 (2022). **교육여론조사 (KEDI POLL 2022) (연구보고 RR 2022-15).** 한국교육개발원.

권혜림 (2022). “먹고 살기 힘든 대학생, 학비보다 생활비 대출 더 받았다”. 중앙일보. 2022년 2월 8일 자 보도.

김경애 외 (2020). **교육 분야 양극화 추이 분석 연구(Ⅰ) (연구보고 RR 2020-22).** 한국교육개발원.

김기홍 (2020). **제4차 산업혁명; 급변하는 디지털 경제, 불확실한 미래 사회.** 파주: 법문사.

김동춘 (2022). **시험능력주의: 한국형 능력주의는 어떻게 불평등을 강화하는가?.** 파주: 창비.

김석관 외 (2022). **우리가 겪은 팬데믹: 한국의 코로나 19 경험에 대한 다층적 분석 (협동연구총서 22-38-01).** 경제·인문사회연구회.

김종영 (2021). **서울대 10개 만들기.** 도서출판 살림터.

경제분석국, 경제분석총괄과 (2021.12.30.). “2021년 주요국 경제 현황 분석”. 나보브리핑 (제117호). 국회예산정책처.

경제·인문사회연구회 (2020). 코로나 19 진행에 따른 경제·사회·산업 충격 대응: 코로나 19 대응 종합연구 중기과제. 내부자료.

도종환 의원 (2022). “대학 학과 통폐합, 지방대와 기초학문의 무덤”. 보도자료 (9월 19일).

동아일보 (2021. 2. 23). “서울대생 인증하세요” … 명문대 ‘끼리끼리’ 매칭 서비스 논란.

매일경제 (2022.9.12.). 현대경제연구원 “하반기 세계 경제 하강 국면 … 열쇳말은 STORM”.

문진영·이성희 (2021). 2021년 유엔기후변화협약 당사국총회(COP26) 논의 및 시사점. **오늘의 세계 경제 (Vol 21. No. 21).** 대외경제정책연구원.

문보은·최상덕·김지하·서영인·송기창·윤지영·권도희·김지연 (2020). **사립대학 재정 운용 실태 분석: 재정 여건 및 지출 변화를 중심으로(연구보고 RR 2020-15).** 한국교육개발원.

박경현·이혜민·민성희·강민조·김수진·최예슬 (2022). "코로나 19 팬데믹 이후 불평등 심화와 균형발전 정책과제". **국토정책 Brief** (6. 20).

박성욱 (2020). "데이터 경제와 데이터 총생산(GDP)". 경제포커스 (9월 14일 자).

박순찬 (2021). **코로나 19가 무역에 미치는 영향 (연구자료 21-07).** 대외경제정책연구원.

박진 (2014). "세계 양극화와 재정위기, 다보스포럼이 선정한 세계 경제 위험요인". click 경제교육. 한국개발원(KDI).

박정호·연원호·강구상·조동희·이승신·김규판·안성배·배찬권 (2022). "우크라이나 사태와 대러 제재의 경제적 영향". **KIEP 오늘의 세계 경제** (Vol. 22 No. 6). 대외경제정책연구원.

반기웅(2022). "코로나 이후 근로소득 양극화 심화… 상위 0.1% 증가율 10.4%". 경향신문 2022년 2월 2일 자 보도.

반상진(2011). "지역화에 따른 고등교육의 요구와 대응과제". 도시화, 지역화, 국제화 시대의 교육. 한국교육학회 추계학술대회 자료집.

______(2012). "대학등록금의 쟁점 분석과 합리적 대안 모색". **교육재정경제연구.** 제21권 제3호.

______(2016a). "대학구조개혁의 정치학". **교육정치학연구.** 제23권 제1호.

______(2016b). "학령인구감소, 대학재정지원사업과 지역 간 대학 격차". **교육종합연구.** 제14권 제2호.

______(2017). "국립대학 연합체제 구축 방안 논의: 국립대 공동선발과 공동학위제 실현을 위한 방안 탐색". **교육비평.** 제39호(5월).

______(2019a). "대학서열화 해소 위한 방안; 공유성장형 대학연합체제를 지향

하며". 대학서열 해소 어떻게 하나?. 이상민 의원실, 도종환 의원실, 홍영표 원내대표실, 민주연구원, 교육을바꾸는새힘, 사교육걱정없는세상. (5. 8).

______(2019b). "미래지향적 교육체제로 교육패러다임의 성공적인 변화를 위하여". **교육개발** (여름호).

______(2019c). "4차 산업혁명 시대, 고등교육 투자 확대는 선택 아닌 필수". **교육개발** (가을호).

______(2020a). "대학체제 개편과 과감한 재정 투자, 지역 산업과의 상생 발전으로 국가 균형발전 이끌어나가야". **교육개발** (가을호).

______(2020b). "교육 양극화 극복, 공유성장형 교육에서 찾자". **교육개발** (겨울호).

______(2020c). "시대 전환기 미래 교육 전망과 과제". 제1차 NRC 교육혁신연구회 포럼 겸 제148차 KEDI 교육정책포럼 주제발표. 국무총리 산하 경제·인문사회연구회. 세종 국책연구단지 (5.26).

______(2020d). "고등교육재정 확충 방안; 국가 투자 우선순위에서 교육투자는 상수". 고등교육 위기 극복과 재정 확충 방안 마련을 위한 공청회 발표자료. 국회 교육위원회 제387회 국회(임시회) (5. 6).

______(2020e). "고액 대학등록금의 부담 완화와 대학체제 개편을 위한 고등교육재정교부금법(안) 제정". 고등교육 재정확대를 위한 고등교육재정교부금법 제정을 위한 토론회 발표자료. 서동용 국회의원실, 전국대학노동조합. 산림비전센터 2층 대회의실 (8. 26).

______(2020f). "대학체제 새판짜기: 대학체제 대전환을 지향하며". 고등교육 발전 방향 모색을 위한 토론회. 발표자료. 대통령자문 국가교육회의. 서울 비앤디파트너스 강당 (10. 22).

______(2021a). "차기 정부 고등교육정책 방향". 대학의 위기, 어떻게 바뀌어야 하나? 대선후보에게 듣는다. 2021 일반대 UCN President Summit 발표

자료. 한국대학신문. 프레지던트 호텔 브람스 홀 (10. 28).

______(2021b). "국립대학 대전환의 방향과 중점과제". 고등교육 정책포럼 발표자료. 국가거점국립대학교 총장협의회, 국회 교육위원회. 서울 여의도 글래드 호텔 컨벤션홀 (11. 22).

반상진 외(2012). **새로운 사회를 여는 교육혁명.** 도서출판 살림터.

반상진·이진권 (2013). "대학 규모 및 범위의 경제성 연구". **교육재정경제연구.** 제22권 제2호.

반상진·김용·김민희·송경오·이차영 (2018). **대학평가의 정치학.** 서울 : 학이시습.

반상진 외(2019.10.24.). "Well-Being Growth; 학습과 삶의 균형 성장을 위한 학생 웰빙 정책 방향". 2019 대한민국 미래 교육 한마당: 교육 2030, 함께 만드는 미래. 한-OECD 국제교육컨퍼런스 발표자료. 일산 킨텍스 제2전시장.

반상진·초의수 (2021.11.12.). "대학체제 대전환의 방향과 과제". 대한민국 대도약: 새로운 길을 찾다. 정책 공간 포용과 혁신 창립학술대회 발표자료. 롯데호텔 서울, 사파이어 볼룸.

반상진·박상희·조희연·나영돈·강대중·김진경·윤상민 (2022). **교육대전환, 리더에게 묻다.** 지식의 날개.

보건복지부 (2022). 2022년 2분기「코로나 19 국민 정신건강 실태조사」결과 발표. 보도자료(8.10).

사교육걱정없는세상(2021.4.26.). "전국 중·고등학교 코로나 교육격차 실태를 최초로 발표합니다". 전국 중·고교 2020년 학업성취도 분석을 통한 코로나 학력 격차 실태 기자회견 보도자료.

서울시교육청 (2017. 3. 15). 통합국립대학-공영형 사립대학에 기초한 대학 공유네트워크 구축(안).

서영인·김미란·최상덕·문보은·오상아 (2021). **대학의 지역경제 파급 효과 제**

고를 위한 정부의 고등교육 투자 방안(RR2021-12). 한국교육개발원.

성경륭 (2021). "포용과 혁신의 대한민국 대전환, 새로운 진보의 길 (기조연설)". 2021 대한민국 대도약: 새로운 길을 찾다. 정책공간 포용과 혁신 창립학술행사 (11, 12).

송기창·반상진(2012). **고등교육재원 GDP 대비 1.1% 확보 및 활용 방안(RR 2012- 55-436).** 한국대학교육협의회 지원 정책연구보고서.

연덕원 (2021). 대학 구조조정 현재와 미래; 정원 정책을 중심으로. (사) 대학교육연구소.

이경원 (2014). "한국 소득불평등 맨얼굴 국제DB 통해 첫 공개: 상위 10%가 전체 소득의 44.87% 차지 세계 2위". 국민일보 2014년 9월 12일 자 보도.

이윤정 (2021). "월가를 점령하라 시위 그 후 10년 … 경제 불평등 해소 못 했지만 '목소리'의 힘을 봤다". 경향신문 2021년 9월 14일 자 보도.

이찬구·이장재·고영주·최병철·황규희·황병상(2018). **한국 4차 산업혁명 연구; 기술·경제·사회·정책 혁신의 통합적 접근.** 충남대학교 국가정책연구소. 대전: 임마누엘.

유진성(2021). "제4차 산업혁명 시대에 적합한 일자리 정책 마련해야". **KERI Column** (2021. 11. 26).

윤지원 (2021). "한국 상대 빈곤율 OECD 국가 중 4번째로 높아". 경향신문 2021년 10월 25일 자 보도.

장인성 (2022). "코로나 19가 노동 시장에 미친 영향". **월간 노동리뷰** (5월호).

전국시도교육감협의회 (2022). 제9대 전국시도교육감협의회 첫 총회 개최; 새 임원단 구성과 사무국 직제 개편 및 기능 강화 등 (보도자료, 07.11).

전형준 (2022). "10개 거점 국립대, '디지털 연합교육' 큰 걸음". 프레시안 2022년 9월 23일 자 보도.

제20대 대통령직인수위원회 (2022. 5). 윤석열 정부 110대 국정과제.

정훈규 (2022). "기후변화 피해 환산해보니…21경 4,000조". 서울경제 2022년 7월 4일 자 보도.

조선일보(1979. 12. 13). '인구와 인간; 3천7백35만4천8백83의 식구(食口)와 자원(資源)'.

조옥경 외 (2019). **대학의 공유성장을 위한 대학체제 개편 방안 연구 (연구보고 RR 2019-15).** 한국교육개발원.

조옥경 외 (2021). **대학 간 공유·협력 체제 구축 방안 연구 (연구보고 RR 2021-08).** 한국교육개발원.

조윤제·박창귀·강종구(2011). "한국의 경제 성장과 사회지표의 변화". 한국은행 working paper.

최민영 (2022). "코로나 학번 등록금 환불 못 받는다. 2700명 소송, 1심 패소". 한겨레신문 2022년 9월 1일 보도.

최상덕 외 (2020). **해방 100년, 혁신적 포용국가 실현을 위한 대한민국 교육체제의 대전환 방안(경제·인문사회연구회 협동연구총서 20-62-01).** 경제·인문사회연구회.

최상덕 외 (2022). **해방 100년, 혁신적 포용국가 실현을 위한 대한민국 교육체제의 대전환 방안 (Ⅱ) (경제·인문사회연구회 협동연구총서 22-26- 01).** 경제·인문사회연구회.

최인선·김명화·김수진·김현정·이신영(2021). **OECD 국제 학업성취도 평가 연구: PISA 2018 상위국 성취특성 및 교육맥락 변인과의 관계 분석 (연구보고 RRE 2021-4).** 한국교육과정평가원.

최정윤 외(2018). **한국 고등교육 체제 노동 시장 성과분석 및 개선과제(연구보고 RR 2018-19).** 한국교육개발원.

최정인 (2020). "코로나 19 대응을 위한 「2020 의회 협력 유엔 결의안」의 주요 내용과 시사점". 국제관계 동향과 분석 (제68호). 국회입법조사처.

통계청 (2021). 장래인구추계: 2020~2070년 (보도자료, 12.09).

통계청 (2023a). 2022년 인구동향조사 출생·사망통계(잠정) (보도자료).

통계청 (2023b). 2022년 국내인구이동통계 (보도자료).

한국교육개발원(2022a). 교육통계분석자료집.

한국교육개발원(2022b). 취업통계연보.

한국대학교육협의회. 대학알리미(http://www.academyinfo.go.kr).

한국연구재단(2020). 2020년도 전국대학 대학연구활동실태조사 분석보고서.

한인선 (2022). "4년이면 '중형차 한 대 값' … 월 소득 10% 저축해야 등록금 낸다". 머니투데이. 2022년 7월 2일 자 보도.

한형상·김현(2017). "4차 산업혁명과 지식서비스". KEIT PD Issue Report (Vol. 17-2). 한국산업기술평가관리원.

Baxter, Jacqueline (2020). "New modes of collaborative governance: Governing collaborations in a new school landscape, power, control and communication". Allan Julie, Harwood, Valerie, and Jorgensen, Clara R.(Ed.). *World Yearbook of Education 2020; Schooling, Governance, and Inequalities*. London and NY : Routledge.

Boggs, Bennett G. (2019. 03). A Promise is a Promise: Free Tuition Programs and How They Work (paper No. 5). A Legislator's Toolkit for the New World of Higher Education. National Conference of State Legislatures (NCSL).

Brink, Meghan (2022.8.25.). "Inside Biden's Debt Relief Plan". *Inside Higher Ed.*(8.25).

Fabular, Irma & Mickoleit, Arthur (2021. 4. 7). "Top Trends in Government for 2021: Hyper connected Public Services". *Gartner Research.*

Jacobides, Michael G., Sundararajan, Arun, & Alstyne, Marshall Van(2019).

Platforms and Ecosystems: Enabling the Digital Economy. World Economic Forum Briefing Paper.

Kezar, A.J., Chambers, T.C., & Burkhardt, J.C.(2005). *Higher education for the public good; Emerging voices from a national movement.* San Francisco, CA: Jossey-Bass Inc..

Morello, Diane (2008. 2. 22). "The Hyper connected Enterprise: Anticipating the Next Wave of Business". *Gartner Research.*

심성보 (역) (2016). 21세기 교육과 민주주의; 개인적 삶, 직업적 삶, 그리고 시민적 삶을 위한 교육. Noddings, Nel의 *Education and Democracy in the 21st Century*. 서울 : 살림터.

OECD (2017). PISA 2015 Results (VolumeⅤ) : Collaborative problem solving.

OECD (2021). OECD Unemployment Rates, News Release: April 2021.

OECD (2021 June). *The State of Higher Education: One year into the COVID-19 pandemic.*

OECD (2010-2022). *Education at a glance.*

OECD (2022). *Trends Shaping Education 2022.*

Piketty, Thomas (2014). *Capital in the Twenty-First Century(Translated by Arthur Goldhammer).* The Belknap Press of Harvard University Press.

유성상 (역) (2022). 골리앗 무찌르기; 미국의 교육개혁과 그 적들. Ravitch, Diane의 *Slaying Goliath: The Passionate Resistance to Privatization and the Fight to Save America's Public Schools (2020).* 서울: 박영스토리.

이희재 (역) (2001). 소유의 종말. Rifkin, Jeremy의 *The Age of Access: The New Culture of Hypercapitalism, Where all of Life is a Paid-For Experience (2001).* 서울: 민음사.

안진환 (역) (2014). 한계비용 제로 사회; 사물인터넷과 공유경제의 부상. Rifkin,

Jeremy의 *The Zero Marginal Cost Society: The Internet of Things, the Collaborative Commons, and the Eclipse of Capitalism (2015)*. 서울: 민음사.

송경진 (역) (2016). 클라우스 슈밥의 제4차 산업혁명. Schwab, Klaus의 *The Fourth Industrial Revolution(2016)*. 서울: 새로운 현재.

이순희 (역) (2013). 불평등의 대가: 분열된 사회는 왜 위험한가. Stiglitz, Joseph E.의 *The Price of Inequality: How Today's Divided Society Endangers Our Future(2012)*. 파주: 열린책들.

이순희 (역) (2017). 거대한 불평등: 우리는 무엇을 할 수 있는가. Stiglitz, Joseph E.의 *The Great Divide Unequal Societies and What We Can Do about Them(2015)*. 파주: 열린책들.

UNESCO (2021). *Reimagining our futures together; a new social contract for education.* Report From the International Commission on the Futures of Education.

UNESCO (2022a). *Reinventing Higher Education for a Sustainable Future.* The 3rd World Higher Education Conference WHEC2022. Barcelona 18-20 May 2022.

UNESCO (2022b). Beyond Limits; New Ways to Reinvent Higher Education. Working document on roadmap proposed for The 3rd World Higher Education Conference WHEC2022. Barcelona 18-20 May 2022.

UNESCO (2022c). Equity, inclusion and pluralism in higher education. WHEC 2022 Background document proposed for The 3rd World Higher Education Conference WHEC2022. Barcelona 18-20 May 2022.

UNESCO (2022d). Impact of COVID-19 on Higher Education. WHEC 2022 Backgound document proposed for The 3rd World Higher Education Conference WHEC2022. Barcelona 18-20 May 2022.

Williams, Jonathan (2017). *Collaboration, alliance, and merger among higher education institutions.* OECD Education Working Papers No. 160.

World Economic Forum (2016). *World Economic Forum Annual Meeting 2016 Mastering the Fourth Industrial Revolution.* Davos-Klosters, Switzerland 20-23 January.

World Economic Forum (2016). *The Future of Jobs; Employment, Skills and Workforce Strategy for the Fourth Industrial Revolution.* Global Challenge Insight Report

World Economic Forum (2018). T*he Future of Jobs Report 2018.* Insight Report. Centre for the New Economy and Society.

반상진

- 동국대학교 사범대학 교육학과 (학사)
- 동국대학교 대학원 교육학과 (교육학석사)
- University of Wisconsin-Madison 대학원 교육행정학과 (MS)
- University of Wisconsin-Madison 대학원 교육행정학과 (Ph.D.)

- 전북대학교 사범대학 교육학과 (現 교수)
- 한국교육학회 (現 부회장)
- 상지대학교 (現 개방이사)

- 한국교육개발원 (前 원장)
- OECD CERI (교육연구혁신센터) 운영위원회 (前 이사)
- 유네스코한국위원회 교육분과위원회 (前 위원장)
- 한국교육행정학회 (前 회장)
- 한국교육재정경제학회 (前 회장)
- 한국교육정치학회 (前 회장)
- (사) 한국교육연구네트워크 (前 소장)
- 교육부 교육정책자문위원회 (前 위원)
- 교육부 대학구조개혁위원회 (前 위원)
- 조선대학교 (前 임시이사)
- 대통령자문 교육인적자원정책위원회 (前 상임전문위원)
- 순천대학교 사범대학 교직과 (前 부교수)

한국 대학체제의 새판 짜기

- 공유성장을 위한 대학체제 대전환을 위하여 -

지은이 반상진
펴낸이 양오봉
펴낸곳 전북대학교 출판문화원

초판 1쇄 인쇄 2023. 6. 23.
초판 1쇄 발행 2023. 6. 30.

전북대학교출판문화원 전라북도 전주시 완산구 어진길 32 (풍남동2가)
전화 (063) 219-5319~5322
팩스 (063) 219-5323
등록번호 2012년 8월 20일 제465-2012-000021호

값 18,000원

ISBN 979-11-6372-204-5 93370